# Découvrez l'histoire par les archives de presse

**RETRONEWS**

Le site de presse de la BnF

www.retronews.fr

# ANNUAIRE

## DES

# COIFFEURS

PUBLIÉ PAR

## M. CHEVREL

contenant la

NOMENCLATURE NOUVELLE DES COIFFEURS DE FRANCE ET DE L'ÉTRANGER

AINSI QUE L'ADRESSE DES COMMERÇANTS

DONT L'INDUSTRIE SE RATTACHE A L'ART DU COIFFEUR

⸺ ❈ ⸺

## BUREAU CENTRAL DE PLACEMENT

### Rue Villedo, 7

PRÈS DE LA FONTAINE MOLIÈRE

1874

# ANNUAIRE

## DES

# COIFFEURS

PUBLIÉ PAR

## M. CHEVREL

contenant la

NOMENCLATURE NOUVELLE DES COIFFEURS DE FRANCE ET DE L'ÉTRANGER

AINSI QUE L'ADRESSE DES COMMERÇANTS

DONT L'INDUSTRIE SE RATTACHE A L'ART DU COIFFEUR

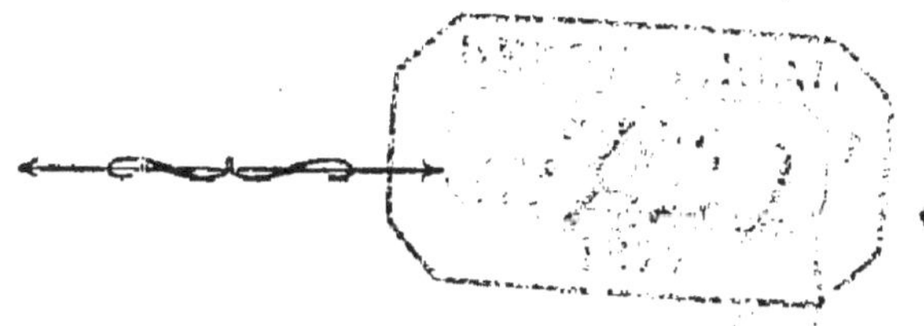

## BUREAU CENTRAL DE PLACEMENT

### Rue Villedo, 7

PRÈS DE LA FONTAINE MOLIÈRE

—

1874

# NOMS ET ADRESSES

**De MM. les Coiffeurs dirigeant les Bureaux de placement des départements et de l'étranger, correspondant avec le Bureau général de CHEVRIER-DUFOUR, à Paris.**

---

MM.

ANDRÉ, place des Bancs, à Limoges.
AUBIN, rue Saint-Aubin, à Angers.
AUVRAY, place du Palais-de-Justice, 7, à Tours.
BÉCHON. rue des Nationales, à Rouen.
BERMÈRE, place de la Poissonnière, à Caen.
BLANCHON, rue des Granges, à Besançon
BOUTARIN, à Saint-Etienne.
CAMAS, rue Lanterne, 25, à Lyon.
CARBONNETTO. rue Daubagne, 8, à Marseille.
COULOMBRIER, place Maronne, 1, à Marseille.
GAVÉRIVIÈRE, à Toulon.
CAZALEAU, rue de la Préfecture, 25, à Pau.
CHIAVERO, rue de la Palme, à Turin.
DARTY, à Auch (Gers).
DAUGES, place Pey-Berland, 27, à Bordeaux.
DENIS, rue Champser, 9, au 1er, à Lyon.
DUFOUR, rue Saint-Pierre, 26, à Rochefort.
DUCLOS, rue Saint-Marcel, 9, à Lyon.
DURAND, place du Salin, 19, à Toulouse.
EUDE, place de la Poissonnerie, à Caen.
FLOTTARD, rue Pharaon, 22, à Toulouse.
GONET, rue des Brasseurs, 4, à Bruxelles.
LAGARDE, Champ de Foire, à Cognac.
LAURENT, place Dupuy, 8, à Toulouse.
LAURENT, rue des Tanneurs, 3, à Lille
LAVITRY aîné, à Montauban.
LEMÉE-CARFOURE, Casseri, 6, à Nantes.
MORAN, place du Grand-Marché, a Tours.
MILLE, rue d'Orbe, 39, à à Rouen.
NIETTO, rue de l'Étrier, 22, à Marseille.
PERROTIN, rue Cerise, 4, à La Rochelle.
PLUET (Veuve), rue des Pincettes, 33, au Havre.
POISOT, Vieux-Marché, 10, à Orléans.
BAINS BROTHERS, 4, crescent Bridge-street Blackfriars (London).
SIREVEN, place des Carmes. 19, à Toulouse.
JORDAND, rue des Petites-Filles, à Genève.
SEILGE, rue de l'Arbre, 19, à Marseille.

# ÉCOLE DE COIFFURE

## SOUS LA DIRECTION DE

# M. CHEVREL

Le Cours de Coiffure a toujours lieu, comme précédemment, au Bureau, trois fois par semaine (les lundi mardi et vendredi), à partir du 1ᵉʳ octobre jusqu'aux 10 et 15 décembre.

M. CHEVREL continuera à s'occuper sérieusement des Élèves, dont il surveille avec soin les travaux. Il s'est adjoint des Professeurs qui assurent à l'avance aux Visiteurs ou Élèves des soirées aussi intéressantes qu'utiles sous le rapport de productions nouvelles. Lui-même, par une longue expérience, peut, mieux que personne, connaître toutes les nécessités et toutes les difficultés des Cours de Coiffure, depuis treize années qu'il n'a jamais cessé de s'employer à former de nombreux Élèves, il a acquis cette expérience pratique dont il fera toujours profiter les Élèves, Patrons ou Ouvriers qui voudront bien s'adresser à lui.

# VENTE

DE

# FONDS DE COIFFEURS

Le Directeur de l'Agence se charge de la vente et de l'achat des fonds de Coiffeur, de la rédaction de tous actes sous seings privés et conventions, en retirant, à titre d'honoraires, CINQ POUR CENT, ou à forfait. Comme il a toujours été d'un usage que le prix de cette commission s'acquittait par moitié entre vendeur et acquéreur, il est bon de rappeler, pour éviter des malentendus, que la loi laisse pour le compte du vendeur toute commission par lui souscrite à un agent intermédiaire, et les frais de rédaction sont à la charge de l'acquéreur.

Il est donc indispensable que les parties contractantes s'entendent bien à l'avance sur leurs intentions de traiter suivant l'usage ou la loi.

Le Bureau central des Coiffeurs sera toujours ouvert de 9 à 5 heures. Toutes les demandes devront être adressées franco.

Tous les changements à effectuer à l'Annuaire seront reçus, chaque année, jusque fin octobre.

Nous prions à cet effet MM. les Coiffeurs de vouloir bien, par leur obligeant concours, nous faciliter ce travail de rectification.

Toutes les demandes d'ouvriers faites par MM. les Coiffeurs de province devront être accompagnées :

1° De détails bien clairs sur les conditions de prix et de travail ;

2° Du montant du voyage, ou, à défaut, un correspondant à Paris ;

3° Du montant du placement qui sera imputé par le patron sur les appointements de l'ouvrier engagé.

# NOMS ET ADRESSES

DE

# MESSIEURS LES COIFFEURS

DE PARIS

Les chiffres placés devant chaque nom indiquent les arrondissements
dans lesquels sont situés les domiciles.

## A

Arrond.

1  Ahadie, rue des Pyramides, 7.
5  Abbadie, rue de la Montagne-Sainte-Geneviève, 33.
3  Abbal, rue du Parc, 8.
17  Achez, avenue de Saint-Ouen, 48.
14  Agalure, rue Constantine, 85 (Plaisance).
12  Alard, Grande-Rue de Bercy, 116.
12  Alard, rue de Charenton, 145.
10  Albanel, rue du Faubourg-Saint-Martin, 261.
17  Albanel, route d'Asnières, 16.
9  Albrecht, rue Rochechouart, 72.
2  Albert, rue Mandar, 3.
8  Albert, rue Boissy-d'Anglas, 17.
5  Alexandre, rue Cardinal-Lemoine, 38.
5  Alexandre, rue Pascal, 24.
15  Alexandre, rue de Javel, 79.
12  Alexandre, rue Moreau, 66.
11  Alleton, rue Traversière, 46.
13  Alfred, rue de la Tombe-Issoire, 28.
2  Allidière, rue de Choiseul, 23.
7  Alteyras, avenue Lowendal, 31.
10  Allais, rue de Lancry, 25.
10  Allaigre, rue Saint-Maur, 89.
1  Allier, rue de Sartine, 5.

 2   Amable, passage du Ponceau, 8.
 4   Amade (Auguste), rue Geoffroy-Lasnier, 38.
18   Amadeuf, rue de Clichy, 102, chemin de Ronde, 45.
17   Amat, rue des Acacias, 33 (Ternes).
19   Amiot, rue Rébeval, 24.
17   Amisse, avenue de Clichy, 89.
 4   Aimé (Larotte), rue Béranger, 16 (coiffeur de théâtre).
17   Andrillon, avenue de la Grande-Armée, 87 (Neuilly).
11   Andrevet, rue du Faubourg-du-Temple, 28.
 2   André, rue Joquelet, 14.
 2   Anguiz, boulevard des Capucines, 39, au 1er.
11   Anjart, rue des Trois-Couronnes, 3.
 6   Archiez (veuve), rue Saint-André-des-Arts, 31.
17   Archiez (Clément), rue Lévis, 10 (Batignolles).
18   Arnaud, rue Marie-Antoinette, 20 (Montmartre).
20   Arnaud (Joseph), rue Palikao, 25.
 8   Arnaud, rue du Faubourg-Saint-Honoré, 10.
 7   Arondeau, rue du Bac, 89.
 4   Arondel, rue des Nonnains-d'Hyères, 31.
 6   Arsène, rue Saint-Marc, 17 (appartement).
 4   Artzer, rue Saint-Paul, 41.
 9   Aubert, rue de Sèvres, 14.
 1   Aubert, rue de Rambuteau, 4.
15   Aubrée-Dutailly, rue du Commerce, 65 (Grenelle).
 7   Aubrée, rue du Cherche-Midi, 128.
18   Audren, rue Ramey, 36 (Montmartre).
 6   Augereau (veuve), rue Neuve-Coquenard, 20.
 2   Auguste, rue Saint-Denis, 380 (passage Lemoine).
18   Auguste, avenue de Clichy, 177 (Batignolles).
 2   Auguste (B.-V.-T.), professeur, rue de la Paix, 7.—Filets
       en cheveux, fleurs et parures.
15   Auguste, rue Lecourbe, 42.
12   Aupetit, rue de Bercy, 118 (Bercy).
 7   Aussoil, rue Saint-Dominique), 181.
 6   Autourde, quai de Conti, 7.
 1   Assens, rue Montmartre, 35.
 2   Aveline, rue de la Feuillade, 6.
 9   Avignon, rue Monthyon, 17.

14 Auzuré et Bouloir, chaussée du Maine, 51.
14 Aymonnier, rue Jolivet-Montparnasse. 6.
8 Auzat, rue du Colisée, 16.
8 Azémare, rue du Faubourg-Saint-Honoré, 84.

## B

6 Babot, rue de Seine, 93.
14 Bachard, rue Campagne-Première, 3.
5 Bagard, rue Contrescarpe, 21.
18 Baillat, rue Dancoure, 1.
9 Bailly, place Vintimille, 2.
8 Bailly, avenue de Wagram, 4.
14 Ballard, rue de la Gaîté, 18 (Montparnasse).
9 Balade (Louis), professeur, rue Taitbout, 43.
18 Balade (Armand), avenue de Saint-Ouen, 2 (Batignolles)
2 Balesdan, rue de la Vrillière, 10, au premier.
11 Ballot, rue du Faubourg-du-Temple, 106.
3 Balothe, rue Aumaire, 7.
28 Balothe, rue Palikao, 24.
1 Barberon, passage Véro-Dodat, 6.
11 Barbier, rue de Montreuil, 71.
3 Barbier, boulevard du Temple. 39.
9 Barberise, rue Saint-George, 44.
9 Bardet, rue Neuve-Coquenard, 19.
9 Bardin, rue Taitbout, 39.
20 Bardou, boulevard de Charonne, 38.
2 Bargat (fils), rue Saint-Marc, 17.
3 Barré, rue Vaucanson, 2.
10 Barrière, rue des Récollets, 6.
7 Barrué, avenue de Latour-Maubourg, 58.
20 Barthélemy, (Baptiste), route de Montreuil, 33.
10 Barthélemy, rue d'Enghien, 52.
2 Barthélemy, rue du Mail, 1.
18 Basbois, rue des Acacias, 64, Montmartre.
20 Basset, rue de Montreuil, 74.

1   Bataillou, rue Croix-des-Petits-Champs, 15, au 1er.
10  Bavent, rue du Faubourg-Saint-Martin, 13.
15  Bauchet, rue du Commerce, 52, Grenelle.
7   Baudelot, rue Jean-Nicot, 22.
8   Beaudelot, rue Cambacérès, 9.
11  Baudoux, rue de Charonne, 133.
1   Bogussant, rue Seauval, 1.
11  Baudier, rue Saint-Sébastien, 21.
20  Bauvois, rue de Belleville, 73.
19  Bayer, rue de Flandres, 104.
12  Bayllo, rue d'Orléans, Bercy.
7   Baycul, route d'Asnières, 31.
9   Bazire (Paul), rue d'Isly, 4.
1   Bazire, rue Neuve-des-Petits-Champs, 97.
3   Bazor, rue du Temple, 176.
10  Beaudard, rue du Faubourg-Montmartre, 68.
18  Beaugrand, pass. de l'Élysée-des-Beaux-Arts, Montmartre
19  Beaury, rue Doudeauville, 36, La Chapelle.
2   Beaumais, rue du Petit-Carreau, 1.
15  Beauvilliers, rue de la Cunette, 11.
7   Beaux, rue Saint-Dominique, 139.
11  Bédu, boulevard Voltaire, 4.
18  Beghin, rue des Poissonniers, 37.
13  Begon, rue du Moulin-des-Prés, 5.
8   Béguin, rue de Vienne, 15.
10  Beillard (veuve), rue des Amandiers, 32, Belleville.
9   Bellecoste, boulevard Poissonnière, 28.
14  Belgrand (Honoré), rue Vandamme, 38.
10  Bellamy, rue du Faubourg-Saint-Martin, 187.
1   Bellenger, rue de Richelieu, 14.
1   Beltante, rue J.-J. Rousseau, 13.
1   Belleville, avenue de Ségur, 3.
14  Belalbre, rue Daguerre, 21, Montrouge.
15  Belloin, rue Saint-Victor, 76.
20  Belin, rue des Couronnes, 15, Belleville.
6   Benoist, rue du Cherche-Midi, 17.
18  Benoît-Cantal, rue des Vertus, 18, La Villette.
12  Benoît, rue de Bercy, 29 et 77.

 3   Bérard, boulevard Beaumarchais, 89.
 9   Bérard, rue Lamartine, 2.
 1   Berciau, rue d'Argenteuil, 32.
15   Berrert, rue Basse-du-Transit, 1.
10   Beraud, rue de Lancry, 14.
17   Berger, avenue de Wagram, 67.
20   Bergier, rue des Envierges, 35.
 9   Berger, rue de Provence, 70.
18   Bermant, rue Lepic, 23, Montmartre.
 9   Bernachon, rue Bréda, 29.
 2   Bernard, rue Neuve-Saint-Augustin, 69.
 3   Bernard, rue des Gravilliers, 68, au premier.
10   Bernard, rue Saint-Quentin, 13.
20   Bernard, rue du Rendez-vous, 49.
11   Bernard, rue de Charonne, 25.
20   Bernard, boulevard de Belleville, 94.
19   Berrière fils, boulevard de Belleville, 88.
16   Berthenet, rue Molière, 30, Auteuil.
 3   Bertho, rue Quincampoix, 82.
16   Bertholet, rue Gros, 9, Auteuil.
 1   Berthier, rue de la Grande-Truanderie, 33.
 3   Berton, rue Saint-Claude, 7.
20   Berton, rue de Paris, 232, Belleville.
11   Berton, rue de Montreuil, 71.
 5   Bertonnet, rue Mouffetard, 80.
 7   Bertrand, rue de Grenelle-Saint-Germain, 80.
10   Bertrand (Arsène), rue des Marais, 97.
14   Bessière, rue de Vanves, 25, Plaisance.
 1   Bessin, rue de Rambuteau, 17.
 2   Besnier, s$^r$ de Majesté, galerie Montpensier, 2, Palais-Royal
18   Besnier, rue Léon, 5.
 6   Betry, rue Saint-Jacques, 78.
11   Beuchet, rue Oberkampf, 39.
 9   Beuve, rue Saint-George, 31.
 9   Beurel, rue Paradis-Poissonnière, 59.
10   Biai, rue de Strasbourg, 13.
18   Biardot, rue Ramey, 68, Montmartre.
10   Bichard, rue du Château-d'Eau, 72.

11   Bidault, rue Gambey, 18.
14   Bigot, avenue d'Italie, 21.
17   Bidard, rue des Moines, 30, Batignolles.
18   Bidault, rue Martin, 3, La Chapelle.
 4   Bigot (Alexandre), rue du Temple, 12.
 1   Bigot, rue Sainte-Anne, 13.
15   Billard, rue Cambronne, 87.
 8   Billon, avenue Montaigne, 48.
 2   Bisson, boulevard Poissonnière, 3.
 1   Bizern, rue de Rambutéau, 100, au premier.
 1   Blain, rue Richelieu, 46, au premier.
 5   Blain, rue des Fossés-Saint-Victor, 12.
19   Blain, rue d'Aubervilliers, 18.
 1   Blaise, rue Mont-Thabor, 24.
 2   Blaive (Adolphe), rue Gréneta, 38.
15   Blanc, boulevard de Vaugirard, 7.
14   Blanc, rue Constantine, 87, Plaisance.
 6   Blanc, boulevard Saint-Michel, 10.
 4   Blanchard, rue de l'Hôtel-de-Ville, 4.
11   Blanchard, rue de Charonne, 75.
11   Blanchard, rue du Faubourg-Saint-Antoine, 165.
14   Blanchet, rue du Chemin-de-Fer, 2, Plaisance.
15   Blanquie, Grande-Rue, 228, Vaugirard.
 6   Blaye, rue de Seine, 49.
18   Blavier. rue de Jessaint, 2.
 2   Blin, rue Vivienne, 42, au premier.
16   Blinet, rue de Passy, 36, Passy.
10   Blivet, rue du Faubourg-Saint-Martin, 177.
13   Bloche, boulevard d'Italie, 3,
 5   Blocquel, rue Geoffroy-Saint-Hilaire, 16.
12   Bodet, boulevard de Ménilmontant, 80.
19   Bove, rue de Belleville, 77.
 6   Bonnivard, rue Guénégaud, 18.
 6   Boinard. rue Monsieur-le-Prince, 50 (en chambre).
10   Boissac, rue de Lafayette, 155.
19   Boissaubert, Grande-Rue, 89, La Villette.
19   Boissay, rue d'Allemagne, 151, La Villette.
11   Boitard, rue Sedaine, 35.

19   Boivin, rue de Paris, 19, Belleville.
 2   Boivin, rue Beauregard, 3.
 4   Boivin, rue Lesdiguières, 16.
 5   Bon, rue de Buci, 32.
12   Bonhomme, quai de Bercy prolongé.
20   Bonnet, rue d'Aubervilliers, 76, Villette.
 2   Bonnard, rue Rambuteau, 81, au premier.
 2   Bonnin, boulevard des Capucines, 12.
 5   Bonson, rue Saint-Jacques, 265.
 2   Bonnissent, rue Vivienne, 9 (au premier).
 7   Bonvalet, rue du Bac, 23 (au premier).
17   Bonvalet, barrière de Courcelles, 3.
 2   Bony, professeur, rue Tiquetonne, 62.
 6   Bossuat, rue Bonaparte, 62.
 9   Bottini, rue Fontaine-Saint-Georges, 4.
 9   Bouchard et Vasseur, rédacteurs du journal *le Moniteur de
     la coiffure*, rue du Faubourg-Montmartre, 61.
16   Bouchaud, rue de la Montagne, Passy, 21.
 6   Bouché, boulevard Saint-Michel, 14.
18   Bouchet, rue de Chapelle, 101.
20   Boucli, rue des Couronnes, 1, Belleville.
17   Boudard, rue des Dames, 5, Batignolles.
19   Boudin, rue des Poissonniers, 97.
11   Bourgenier, rue des Barres-Saint-Paul, 16.
17   Bouillant, rue Marcadet, 136.
15   Bouillon, rue Lecourbe, 42.
18   Bouillé, rue Myrrha, 19, Montmartre.
 3   Bouillet, rue du Grand-Chantier, 1.
 4   Bouilly, rue Royale-Saint-Antoine, 14.
 5   Buissou, rue Mouffetard, 270.
 1   Bouland (Edouard), rue Sainte-Anne, 10.
17   Boulanger, rue des Moines, 87, Batignolles.
 9   Boullet, rue des Martyrs, 21.
 9   Boullonnois, rue de la Pépinière, 29.
 8   Bouquet, boulevard Malesherbes, 59.
12   Bouquet, rue des Charbonniers, 14.
10   Bouqueau, rue des Vieilles-Étuves-Saint-Martin, 15.
 2   Bouquot, passage des Messageries Nationales, 4.

11   Bouquant, rue de Bretagne, 43.
 2   Bourdeaux, passage de l'Industrie, 9.
12   Boursin, faubourg Saint-Antoine, 80.
16   Bourdon, rue du Bel-Air, 67.
14   Bourette, rue des Catacombes, 54.
11   Bourgallé, rue de Popincourt, 92.
 1   Bourgeois, rue Croix-des-Petits-Champs, 23.
19   Bourgeois, rue des Récollets, 1.
 1   Bourgoin, rue Favart, 1.
 1   Bourgeois, rue du Vingt-Neuf-Juillet, 3.
13   Bourin, route de Choisy, 66.
 5   Bourin, rue de la Bûcherie, 4.
 7   Bournal, rue du Bac, 61.
 3   Bourset, rue Charlot, 18.
 9   Bousquet, professeur, rue de la Victoire, 80.
 9   Boussard, rue de la Ferme-des-Mathurins, 17.
 2   Boutin, rue Mesnard, 2, successeur de Croizat.
19   Boutines, rue des Prés-Saint-Gervais, 30, Belleville.
 8   Boutevin, rue de Rome, 43.
 9   Bouvier, boulevard des Italiens, 12, au premier.
13   Bouvier, rue de Paris, 23, Petit-Ivry.
 9   Bouziller, rue Cadet, 22.
 8   Bouzanqué (Eugène), rue de Londres, 7.
 3   Bovet, rue Borda, 4.
 4   Boyeaux, boulevard Sébastopol, 22, au premier.
11   Boyer, rue des Amandiers-Popincourt, 34.
19   Boyer, rue de Meaux, 108.
18   Boyer, rue Feutrier, 5, Montmartre.
 9   Brad, rue Labruyère, 36.
 6   Brault (Eugène), rue Jacob, 54.
11   Brédy, boulevard du Prince-Eugène, 44.
18   Brédy, rue de Jessaint, 21, La Chapelle.
11   Bréhamet, quai Jemmapes, 14.
11   Bresth, rue Saint-Maur-du-Temple, 190.
11   Besseau, rue du Faubourg-Saint-Antoine, 189.
 2   Bressaudier (Victor), rue Montmartre, 164, au premier.
19   Breton, route d'Allemagne, 103, Villette.
14   Brianchon, Grande-Rue, 96, Grand-Montrouge.

14 Briet, rue de la Sablière, 51.
2 Brier-Chevalier, rue Basse-du-Rempart, 50.
4 Brismontier, rue du Val-Sainte-Catherine, 2.
10 Broc, rue du Grand-Saint-Michel, 2.
14 Brossard, boulevard Montparnasse, 77.
6 Brossier, rue de l'École-de-Médecine, 62.
2 Broussin, rue Neuve-Saint-Augustin, 50.
6 Broutchoux, rue Neuve-Saint-Placide, 29.
1 Bruide, rue Marché-Saint-Honoré, 4.
8 Brun, avenue des Champs-Élysées, 93.
12 Brun, boulevard Mazas, 78.
20 Brun, rue des Amandiers-Ménilmontant, 68, Belleville.
6 Bruneau, rue Dupin, 9.
6 Brun, boulevard Saint-Michel, 8.
17 Bruner, rue Rennequin, 19.
9 Bru, rue de Châteaudun, 59.
18 Bruyant, rue Saint-Denis, Montmartre.
4 Bry, rue de Rambuteau, 55.
11 Buchot (Antonin), rue Folie-Méricourt, 13.
11 Budelot, rue du Faubourg-Saint-Antoine, 249.
18 Buge, rue du Rentin, 28 (Montmartre).
19 Buhot, rue de Romainville, 41, Belleville.
17 Buisseret, rue du Gardo, 3, Batignolles.
2 Burdet, rue d'Aboukir, 107.
19 Bureau, rue de Flandre, 156.
11 Bussonneau, rue de Malte, 38.
1 Boulay, rue Duphot, 18.
5 Buvat, rue de la Montagne-Sainte-Geneviève, 26.
10 Buvat, rue Albouy, 12.
8 Bisson, rue Miroménil, 52.

# C

8 Cabanne (Alphonse), rue de la Pépinière, 2.
20 Cabin, rue de Paris, 200, Belleville.
3 Cadot, rue du Forez, 1.

18   Cagniard, rue Saint-Charles, 9.
 7   Caffiaut, rue de Grenelle-Saint-Germain, 8.
 8   Caillau (Ernest), rue du Faubourg-Saint-Honoré, 98.
10   Cailliau, rue du Château-d'Eau, 81.
 5   Calais, rue Daubenton, 31.
17   Caloir (Clément), boulevard de Courcelles, 96.
 5   Calavet, rue d'Arras, 9.
 3   Camenzi, rue des Francs-Bourgeois, 12.
15   Camus, rue Lecourbe, 21 (Vaugirard).
 7   Camus, rue de Grenelle-Saint-Germain, 34.
 6   Camus, rue de Rennes, 124.
13   Canquoin, chaussée du Maine, 21.
17   Canteau (veuve), rue d'Asnières, 57.
18   Capey, rue Constance, 1, Montmartre.
18   Carbonnel fils, rue du Poteau, 62, Montmartre.
20   Carcot, rue des Amandiers, 65, Belleville.
18   Cardin, rue de l'Abaye, 7, Montmartre.
11   Carrèse, rue Basfroi, 8.
 6   Carivent, rue de l'Ancienne-Comédie, 7.
10   Caron, rue du Château-d'Eau, 57.
10   Caron, rue Saint-Maur, 175.
 8   Caron fils, passage Lathuile, 5, Batignolles.
 2   Carouja, rue Thévenot, 32.
20   Carichon, cours de Vincennes, 19.
 3   Carteron, implanteur, rue Beaubourg, 39.
 1   Casamajor, rue de Rivoli, 222.
 3   Casen, rue des Filles-du-Calvaire, 21.
 5   Castel, rue du Faubourg-Saint-Jacques, 23.
18   Castillon, rue Véron, 5, Montmartre.
18   Castillon, rue Myrrha, 3, Montmartre.
19   Catenoy, rue de Flandre, 167, La Villette.
 1   Caumont, rue de Rivoli, 168.
 4   Caumont, breveté s. g. d. g., rue des Guillemites, 2.
15   Caura, rue de Sèvres, 235.
 8   Causse, professeur, boulevard Haussmann, 128.
 8   Causse, rue Saint-Lazare, 10.
 8   Causse, rue Tronchet, 14.
18   Cauville, Grande-Rue, 31, La Chapelle.

17  Cazenave, rue Demours, 1, Ternes.
 7  Cendrier, rue du Champ-de-Mars, 14.
14  Cernay, rue du Couëdic, 65.
 1  Chabaneix, rue Saint-Honoré. 229.
18  Chabain, rue des Poissonniers, 66.
10  Chaboche, rue du Faubourg-Saint-Martin, 117.
 9  Chabrier, rue Papillon, 7.
10  Chaillot, rue de l'Entrepôt, 3.
 9  Chalon-Maurice, rue de Clichy, 13.
 5  Champion, rue Dauphine, 32.
 7  Chamodé, rue de Grenelle-Saint-Germain, 195.
10  Chanin, rue Bichat, 3.
18  Changeat (Baptiste), boulevard Rochechouart, 50.
 9  Chantrier, rue d'Amsterdam, 36.
18  Chantemesse, rue Clignancourt, 15.
 5  Chapeux, rue de la Montagne, 33.
20  Chaput, rue de Paris, 17, Grand-Charonne.
 1  Charansol, professeur, rue du 29 Juillet, 11.
 1  Charaux (Albert), rue Saint-Denis, 245.
11  Chareault, rue du Faubourg-Saint-Antoine, 223.
 8  Charles, rue Saint-Lazare, 7.
 6  Charlet, rue Gozlin, 7.
20  Charles, boulevard des Amandiers, 52, Belleville.
 6  Charlier, rue de Sèvres, 117.
10  Charlier, rue Mazagran, 14.
 2  Charlot (Mᵐᵉ), rue Neuve-Saint-Augustin, 24.
17  Charpentier, rue Saussure, 85, Batignolles.
 9  Charpentier, rue de la Tour-des-Dames, 10.
14  Chaumont, rue de l'Ouest, 11, Plaisance.
 1  Chauriat, passage du Nord, rue Fontaine-Molière.
11  Chauvelle, rue du Chemin-Vert, 51.
19  Chauveleau, rue Rébeval, 72.
17  Chavannet, rue de la Santé, 104, Batignolles.
10  Chef, rue de Paradis-Poissonnière, 57.
12  Chesnay, rue de Charenton, 198.
 5  Chenel, rue Linné, 11.
 4  Chéramy, rue des Juifs, 10.
 6  Chérau, rue du Dragon, 18.

5  Chereau, rue des Fossés-Saint-Bernard, 46.
1  Chevalier, rue Saint-Honoré, 274.
3  Chevreau, rue Notre-Dame-de-Nazareth, 21.
9  Chevaucherie, rue Rochechouart, 89.
18  Chollet, rue Myrrha, 89, Montmartre.
12  Cholet, boulevard de Reuilly, 19.
10  Chollpton, rue de Bondy, 96.
10  Choquard, rue de l'Échiquier, 3.
15  Chomeau, rue de Vaugirard, 261, Vaugirard.
11  Choinel, boulevard Voltaire, 39.
17  Chifflet, rue Legendre, 99, Batignolles.
17  Crepin, rue de Courcelles, 81.
1  Crétal, rue Saint-Honoré, 97, au premier.
8  Christian (Alphonse). rue du Faubourg-Saint-Honoré, 83.
8  Christmann, rue de Courcelles, 8.
19  Crusellard, rue de Villette, 13, Belleville.
20  Claret, rue des Amandiers, 14.
19  Claverie, Grande-Rue, 83, La Villette.
9  Clavet, rue Vintimille, 2.
17  Clavel, rue de la Pompe, 76, Passy.
5  Clausier, rue Mouffetard, 42.
11  Clément, rue Amelot, 71.
1  Clerville, breveté s. g. d. g., rue du Jour, 27.
11  Clicherit (Auguste), rue Saint-Maur-Popincourt, 106.
6  Cochet (Charles), rue du Four-Saint-Germain, 70.
11  Cochet, rue du Faubourg-Saint-Antoine, 280.
5  Cognet, rue Cardinal-Lemoine, 1.
10  Come, boulevard Magenta, 106.
10  Colombier, rue de Chabrol, 71.
17  Coltiraud (M$^{me}$), rue Bénard, 3, Batignolles.
20  Colombet, boulevard Voltaire, 138.
11  Colmache, rue Sedaine, 53.
1  Collomb, professeur, rue Saint-Honoré, 374.
1  Copin, rue du Luxembourg, 19.
9  Connuau, rue de Clichy, 4.
2  Connier, rue d'Aboukir, 24.
20  Conche, rue Mogador, 2, Belleville.
3  Conchoux, rue de Bréda, 17.

18 Conté, boulevard Rochechouart, 116.
6 Convert, rue Montorgueil, 27.
10 Constant, rue du Faubourg-Saint-Denis, 9.
14 Corbet, rue de l'Ouest, 49, Plaisance.
13 Cordier, avenue d'Italie, 13.
4 Cordon, rue des Rosiers, 11.
3 Cordoin, rue Saint-Martin, 166.
5 Cordier (Jules), rue Buffon, 75.
10 Corneille, rue du Faub.-du-Temple, passage Joinville, 8.
3 Corneillet, rue du Temple, 109.
18 Cornibert, rue des Poissonniers, 117, La Chapelle.
11 Cornu, rue Folie-Méricourt, 21.
14 Cornu, chaussée du Maine, 37, au premier.
10 Corinwiller, faubourg Saint-Denis, 190.
1 Corbière, rue Saint-Honoré, 131.
16 Cosnard, Grande-Rue, Auteuil.
18 Cosnet, rue de Constantine, 34, La Chapelle.
4 Coste, rue du Roi de Sicile, 35.
9 Coquillard, rue Laffitte, 22.
15 Cottiau, Grande-Rue, 92, Vaugirard.
10 Cotton, rue des Vinaigriers, 69.
9 Coindet, rue Basse-du-Rempart, 72.
2 Courdery, rue de Port-Mahon, 4.
10 Couasnon, rue du Faubourg-Saint-Martin, 168,
7 Couasnon, rue du Bac, 123.
11 Couesnon, rue du Faubourg-Saint-Antoine, 211.
3 Couget, rue Réaumur, 17.
15 Couget, rue de Vaugirard, 153.
20 Coularé, rue Delaître, 18, Ménilmontant.
11 Coulon, rue Popincourt, 78.
11 Coulon, boulevard Beaumarchais, 52.
16 Coulon (Félix), rue Vineuse, 3, Passy.
17 Cousin, avenue de Clichy, 138, Batignolles.
4 Courcot, chaussée du Maine, 116.
4 Courdesse, rue des Jardins-Saint-Paul, 17.
8 Courtois, rue du Faubourg-Saint-Honoré, 185.
8 Courtois, rue Saint-Lazare, 87.
11 Couvreur, rue Folie-Méricourt, 25.

19   Crique, rue d'Allemagne, 67, La Villette.
14   Cernay, rue du Couëdic, 65, Petit-Montrouge.
20   Crouzat, rue d'Hauteville, 43.
 3   Cuissel, rue de Poitou, 4.
20   Cumont, rue de Tourtille, 3.
14   Curabet, rue des Trois-Couronnes, 4.
 2   Cuverville, rue Saint-Sauveur, 79.
 9   Cuverville, rue Cadet, 2.


# D


11   Dachu, rue de Cotte, 12,
18   Daire, rue Jean-Robert, 19, La Chapelle.
10   Dalleinne, rue Lafayette, 113.
 7   Damard, rue de Babylone, 68.
11   Dambray, rue de Montreuil, 98.
 9   Dampuré, rue de Clichy, 74.
13   Damiens, quai de la Gare, 74.
10   Damilot (Paul), faubourg Saint-Denis, 14.
17   Daniel, boulevard Pereire, 227.
20   Damondeville (Henri), rue de Paris, 165, Belleville.
 2   Damourette (Louis), boulevard des Italiens, 23.
12   Dangreaux, rue Crozatier, 17.
 7   Dardenne, rue Saint-Dominique, 35.
14   Dardenne, route d'Orléans, 61.
 3   Darras, rue Charlot, 31.
25   Daharne, rue du Commerce, 85, Grenelle.
20   Daubouin, chaussée Ménilmontant, 38.
19   Daubray, rue de Flandre, 158, La Villette.
17   Dauples, rue du Boulevard, 1, Batignolles.
12   Dautel, rue de Lyon, 13.
20   Davelos, rue Julien-Lacroix, 12.
 3   David, rue Blondel, 13.
17   David, avenue des Ternes, 8.
 9   Davignon, rue Blanche, 85.
11   Debaene (veuve), rue du Faubourg-Saint-Antoine, 183.
10   Debair, rue de Valois, 4.

7  Debas, rue du Bac, 21.
19  Debauchey, rue de Paris, 21, Belleville.
8  De Bystewerld, rue du Faubourg-Saint-Honoré, 5.
8  Decla, rue des Poissonniers, 70, La Chapelle.
5  Decors, rue d'Ulm, 12.
9  Decque, rue d'Amsterdam, 52.
16  Decroix, route de Versailles, 8.
5  Decroix, rue de l'Ourcine, 83.
18  Decroix, avenue de Saint-Ouen, 9.
15  Decaisne, Grande-Rue de Vaugirard, 9.
1  Decumpert, rue du Dauphin, 7.
18  Déglise, rue Doudeauville, 2 bis, La Chapelle.
3  Degor, rue Fontaines, 10.
18  Degouy, rue Marcadet, 55.
4  Durand, rue Jean-Beausire, 4.
10  Delahaye, rue de la Fidélité, 8.
2  Delanoé (Victor), rue Poissonnière, 4.
11  Delaplace, rue Oberkampf, 156.
13  Delaplanche, rue de la Glacière, 3.
3  Delaporte, rue Quincampoix, 67.
3  Delaporte, rue d'Aboukir, 77.
15  Delatour (Louis), rue du Chemin-de-Fer, 30.
11  Delatre, rue Neuve-de-Laope, 6.
19  Delagneau, boulevard de la Villette, 128.
3  Delga, rue du Temple, 122.
10  Delbarre, cour des Fermes, faubourg Saint-Denis.
17  Delpêche, rue des Dames, 108, Batignolles.
10  Dherbécourt, rue Poulet, 5, Montmartre.
6  Delcourt, rue du Faubourg-Saint-Honoré, 62.
6  Delcroix, boulevard Saint-Germain, 88.
9  Delesal, rue Léon, 17, La Chapelle.
9  De Leeck, rue du Helder, 6.
18  Deletang, rue de l'Arcade, 3, Montmartre.
15  Delettre, barrière de Grenelle, 4.
4  Délié, rue Beautreillis, 28.
15  Delmotte, avenue Saint-Charles, 20, Grenelle.
11  Delobel, rue de l'Université, 57.
4  Delvallez, quai des Célestins, 48.

 4   Delord, rue Saint-Louis-en-l'Ile, 8.
 2   Demange, rue Vivienne, 26, au premier.
 2   Demarquet, rue du Quatre-Septembre, 29.
 2   Demogeot, rue Rameau, 4.
18   Deniau, rue des Poissonniers, 43 bis.
10   Déquan (veuve), rue du Buisson-Saint-Louis, 15.
15   Derioppe, rue Blomet, 50, Vaugirard.
 1   Derique, rue Neuve-des-Petits-Champs, 69.
13   Derquenne, rue Croix-Nivert, 51.
 4   Dervin, rue du Pont-Louis-Philippe, 1.
17   Deschamps, rue des Batignolles, 52.
 6   Desquenne, avenue de Breteuil, 61.
20   Desclos, rue de Paris, 166, Belleville.
 6   Desfournoux, rue Princesse, 15.
17   Desbois, rue Lévis, 72, Batignolles.
10   Desfosse, rue du Faubourg-Saint-Denis, 104.
 2   Deshayes, rue Notre-Dame-des-Victoires, 17.
 2   Desille, rue Poissonnière, 8.
18   Désire, rue des Maronites, 47, Belleville.
10   Desfaux, rue Meslay, 30.
 3   Deslandes, rue de Bretagne, 51.
 1   Desmarets, professeur, rue Boucher, 16.
12   Desmettes, rue de Charenton, 221.
 1   Desnous (Élie), passage Delorme, 12.
16   Deshay, rue Lemaroy, 5, Auteuil.
 3   Dessez, rue Beaubourg, 22.
 1   Desailly, rue des Moineaux, 25.
 9   Designolles (Hippolyte), r. de la Ferme-des-Mathurins, 34.
 2   Destroyat, rue Grammont, 24.
 8   Deviquet (Félix), rue Saint-Honoré, 277.
 2   Deydier, rue de Grammont, 23.
 7   Deyres (Auguste), rue des Saints-Pères, 22.
 1   D'Hote, rue Richelieu, 93.
 7   Diache (Alfred), rue du Bac, 12.
10   Didier, rue Vicq-d'Azir, 1.
20   Didot, barrière des Trois-Couronnes, 1 (Belleville).
20   Didier, rue des Partants, 28 (Belleville).
11   Dieudonné, rue du Faubourg-du-Temple, 16.

11 Dieudonné, rue de Roquette, 112,
15 Dilay, rue du Commerce, 45 (Grenelle).
6 Diot, rue de Seine, 40.
2 Discourt, place de la Bourse, 15, au premier.
19 Distinguin, rue du Chevaleret, 40 (Gare d'Ivry).
5 Divory (Victor), route d'Orléans, 132 (Montrouge).
8 Dondel, professeur, médailles or et argent, rue Tronchet, 2.
9 Dorison (Hippolyte), rue Le Peletier, 3, au premier.
9 Dormoy, rue Godot-de-Mauroy, 2.
2 Dorson, rue Neuve-Saint-Augustin, 61.
10 Dorvaux, rue du Faubourg-Saint-Martin, 267.
7 Douix, rue Vanneau, 85.
6 Drège, rue du Tournon, 21.
7 Dricourt, rue des Saint-Pères, 40.
11 Drillent, rue Keller, 1.
12 Drifort, rue de Bercy, 191, Bercy.
19 Drouet, rue Rébeval, 21, Belleville.
8 Drouilhat, rue de Bretagne, 8.
2 Dubois, fleuriste, boulevard des Capucines, 21, au premier.
1 Dubois, faubourg Saint-Honoré, 134.
2 Dubois, rue de la Paix, 6.
17 Dubois, rue de Montagnes, 1, Ternes.
3 Dubois, rue Pastourel, 16.
18 Dubois, rue Riquet, 73 (Chapelle).
15 Dubois, rue des Entrepeneurs, 9, Grenelle.
9 Dubois, rue Le Peletier, 18.
17 Dubost, rue de l'Annonciation, 5 (Passy).
8 Dubos (veuve), rue Pasquier, 2.
12 Dubreuil, rue de Lyon, 61.
10 Ducable, boulevard Sébastopol, 129.
 Ducastel, boulevard
15 Ducher, rue Letellier, 37, Grenelle.
2 Duchesne, rue du Caire, 16.
11 Ducoin, rue Saint-Sébastien. 5.
8 Dubou, rue de Rome, 40.
8 Duez, chaussée des Martyrs, 8.
11 Duez (Désiré), rue de Malte, 5 6.
13 Dufour, barrière d'Italie, 7.

 2  Dufour, rue Crozatier, 6.
 5  Dufrenay, rue Saint-Victor, 5.
13  Duhaut, rue Vandrezanne, 1.
 8  Duhem, rue Germain-Pillon, 5, Montmartre.
 1  Dumas, galerie de Valois, 179, Palais-Royal.
15  Dumas, rue des Entrepreneurs, 42, (Grenelle).
10  Dumay, rue Lafayette, 98.
 1  Dumergue, rue Coquillière, 11.
 6  Dumont, rue des Ciseaux, 3.
16  Dumont (veuve), rue de Longchamps, 6, Passy.
 5  Dumoutier, rue des Cartes, 12.
20  Duparcque, chaussée Ménilmontant, 71.
 4  Duplessis, rue Malher, 2.
 6  Duponchel, rue de Vaugirard, 62.
 1  Dupont, rue Montpensier, 47.
 9  Dupraz (Sylvain), rue Lafayette, 55.
 8  Duprés, rue de Chaillot, 25.
 1  Dupuy, rue Jean-Jacques-Rousseau, 80.
 3  Dupuis, rue des Vosges, 2.
10  Durand, rue Corbeau, 6.
17  Durand aîné, rue Lemercier, 70, Batignolles.
14  Durand, rue Popincourt, 37.
 6  Durand, rue Vavin, 14.
 1  Duraud, rue Saint-Germain-Lauxerrois, 64.
13  Durgeat, route d'Orléans, 94.
13  Durousseau, quai de la Gare, 22.
 6  Dusuzeau, rue Linné, 37.
20  Dusseau, rue des Amandiers, 63, Belleville.
11  Dutey, rue du Faubourg-Saint-Antoine, 94.
 2  Duterque, rue de la Michodière, 21.
 7  Duthreuil, rue de Bourgogne, 15.
18  Duval (Alfred), rue Ramey, 23, rue Montmartre.
13  Duval, rue de la Glacière, 109.
 1  Duval, rue Richelieu, 71.

# E

Arrond.

9   Edouard, rue du Faubourg-Montmartre, 4 (pass. des Bains).
9   Edemond, rue du Faubourg-Montmartre, 33.
10   Egon, rue Hauteville, 14.
13   Elie, rue Mouffetard, 262.
16   Ernest, avenue de la Grande-Armée, 87.
10   Emmanuel, rue de l'Entrepôt, 2.
20   Escoquart (Henri), boulevard Ménilmontant, 16.
6   Esmelin, rue de l'Université, 5.
3   Espirac, rue des Gravilliers, 47.
6   Emot, rue de Vaugirard, 38.
8   Evrard, avenue de Clichy, 72.
11   Evrard, boulevard de Charonne, 113.
11   Eyhérasagne, rue d'Angoulême-du-Temple, 29.

# F

1   Fabry (Charles), rue du Faubourg-Montmartre, 61.
2   Faisandier, rue Feydeau, 17, et place de la Bourse, 34.
5   Fargue, rue Mouffetard, 64.
2   Fargue, rue d'Aboukir, 21.
2   Farquin, rue Vivienne, 28.
1   Farquin, rue da Rambuteau, 43.
15   Farné (jeune), rue Croix-Nivert, 38, Grenelle.
2   Faravel, successeur de Stanislas, rue Vivienne, 40.
11   Fayard, rue de Charonne, 17.
2   Faugerand (Michel), rue Neuve-des-Petits-Champs, 66.
10   Favien, rue du Faubourg-du-Temple, 39.
9   Favier, rue Blanche, 85.
18   Fauvet, Grande-Rue, 122, Chapelle.
12   Favre rue de Bercy, 87, Bercy.
11   Fay. rue Popincourt, 8.
10   Fayard, passage Brady, 5.

8   Félix (fleurs et modes), rue du Faubourg-Saint-Honoré, 15.
13   Félix, rue Lecourbe, 57 (Vaugirard).
9   Félix, rue Caumartin, 35.
14   Ferdinand, rue du Chateau-des-Rentiers, 13 bis.
2   Ferdinand (Copie), 11, boulevard Montmartre.
19   Fermaud, boulevard de la Villette, 6.
17   Feron, rue des Dames, 76, Batignolles.
1   Ferrand, rue Vivienne, 1, et rue Neuve-des-Petits-Champs,
       11, au premier.
15   Ferraro, rue de l'Arrivée, 2, Montparnasse,
7   Ferrier, rue Surcouf, 12.
12   Ferriol, passage Raguinot, 22.
10   Feuillet (Louis). rue de Bondy, 44.
8   Fiéheux (Félix), place de la Madeleine, 10.
2   Filliol et Andoque, rue Vivienne, 49.
12   Fégard, rue de Bercy, 227.
5   Fischer, rue Saint-Jacques, 161.
10   Fischer, rue du Rendez-Vous, 1 (Saint-Mandé).
20   Fisher, rue de Paris, 142, Belleville.
3   Fiot, rue Saint-Anastase, 12.
19   Figre (Albert), rue d'Aubervilliers, 2.
2   Fiot, rue des Enfants-Rouges, 11.
9   Flammant. rue de la Ferme-des-Mathurins, 2.
10   Fleuret, rue Lafayette, 189.
3   Fleury, rue de Turenne, 32.
18   Florent, rue de la Charbonnière, 18.
19   Floury, rue de Flandre, 12, la Villette.
9   Fontaine, rue Rochechouart, 12.
8   Folex, rue du Faubourg-Saint-Honoré. 201.
2   Forex, boulevard Montmartre, 12, au premier.
5   Forster, place de la Sorbonne, 5.
13   Fouchet, boulevard de la Gare, 10.
12   Foucher (Alexandre), rue de Charenton, 118.
4   Foucault, rue Saint-Antoine, 218.
8   Foubert, rue du Colisée, 23,
5   Fouquet, rue Descartes, 4.
17   Foudrinoy, rue de l'Arc-de-Triomphe, 44, Ternes.
5   Fourrier, rue de Bièvre, 25.

11  Fourneau, rue d'Angoulême, 37.
14  Fournier, rue Delambre, 14.
19  Fournier, boulevard de la Villette, 130.
17  Francard, ronte d'Asnières, 12.
 9  François, rue Chaptal, 35.
18  François, rue Doudauville, 43, la Chapelle.
 4  François, rue du Pont-Louis-Philippe, 22.
18  Franquet, place de la Chapelle, 2.
10  Fratiaux, rue de Bondy, 82.
13  Fratré, rue de Châtillon, 32.
17  Frayon, rue Boursault, 72 (Batignolles).
13  Frémont, avenue d'Italie, 73.
 9  Frères, passage Saint-Dominique, 14,  rue St-Dominique.
 9  Frison, rue Paradis-Poissonnière, 7 bis.
 5  Froment, rue Daubenton, 23.
 1  Frontier (Étienne), rue Saint-Honoré, 247.
14  Froger, rue Sainte-Léonie, 47, Plaisance.
 1  Frossard, rue Coquillière, 31.
 2  Furjot, rue Jean-Jacques-Rousseau, 16.
 8  Furon (Auguste), rue Abbatucci, 6.
 2  Flysacker, rue Saint-Denis, 172.


# G


19  Gacrit, rue de Meaux, 49,
 4  Gagnard, rue Saint-Antoine, 101.
 4  Gain, rue Bourtibourg, 10.
 8  Gaillard, galerie de Cherbourg, 14.
 2  Gaissad (breveté s. g. d. g.), passage Choiseul, 25.
 9  Galabert, rue de la Paix, 18,
 6  Galibart, rue de Sèvres, 133.
13  Galimart, gare d'Ivry, 26.
 5  Gallemard, rue de la Bucherie, 14.
 4  Gallois, rue Saint-Louis-en-l'Ile, 37.
19  Gallois, rue des Blancs-Manteaux, 32.

5   Gambier, rue d'Arras, 6.
4   Gandogé, rue Neuve-Saint-Merry, 11, au premier.
1   Gardéres, rue Saint-Honoré, 159.
6   Gardey, rue Cassette, 1, et rue du Fleurus, 18.
9   Gardien, rue Frochot, 10.
8   Garand aîné, rue Tronchet, 37.
18  Gareau, rue de Charonne, 180.
2   Garéneaud, rue Réaumur, 22.
12  Garet, boulevard Mazas, 66.
1   Garret, rue d'Argout, 60.
20  Gavaret, rue Ramponneau, 3.
11  Gavary, boulevard Beaumarchais, 72.
8   Gaugois, boulevard Haussmann, 87.
6   Garnier, rue de Fleurus, 10.
12  Garnier, rue, de Lyon, 29.
11  Gasteau, rue de Crussol, 14.
1   Gazengel, rue Turbigo, 62.
5   Gambert, passage de l'Opéra, 21.
19  Gauchard, rue Rébeval, 6, Belleville.
20  Gauche, rue de Bagnolet, 6 (Charonne).
2   Gauthier, rue des Dames, 74 (Batignolles).
5   Gauthier, rue Monge, 6.
5   Gautret, rue Mouffetard, 2.
13  Gautret, rue Lebrun, 66.
6   Gautret, rue de Sèvres, 167.
11  Gauthirot, rue de la Roquette. 47.
6   Gaurx, rue Racine, 19.
9   Gaydou, rue Mogador, 3.
10  Gayttou, rue de Saint-Quentin, 37.
10  Gayttou, boulevard Magenta, 148.
6   Gayoou, rue Saint-Sulpice, 10.
18  Geffrain, rue Léon, 26 (Chapelle).
6   Geiter, rue Dauphine, 42.
18  Geiter, rue Labat, 42.
13  Gellée, boulevard de l'Hôpital, 12.
6   Gellé, rue Guilleminot, 12 (Montrouge).
5   Genevois, boulevard de l'Hôpital, 64.
18  Genevois, rue de Chabrol, 21.

10   Genevois, rue de Strasbourg, 19.
 8   Genot, rue Chaillot, 35.
 6   Gendreau, rue Monsieur-le-Prince, 6
13   Geoffroy, quai de la Gare, 33.
 9   Georges, rue St-Lazare, 6.
20   Gérard, avenue Parmentier, 7.
20   Gérard, rue des Amandiers, 107, Belleville.
 3   Gérard, rue du Temple, 148.
13   Gérard rue de Tombe-Issoire, 82.
18   Géraud, rue de la Nation, 8, Montmartre.
19   Geret, rue Buisson, 22, Belleville.
 9   Gerlero, passage du Havre, 29.
 6   Germier, rue Sainte-Placide, 12.
18   Gervais, rue Saint-Laurent, 3.
 2   Ghys (Alexandre), rue Louis-le-Grand, 31, en appartement.
15   Gilbert, rue de l'École, 8 (Grenelle).
 2   Gilbert, rue d'Aboukir, 52.
13   Gillet, rue du Château-des-Rentiers, petit Ivry.
18   Gillibert, rue Marcadet, 41.
11   Gille, rue de la Roquette, 75.
 1   Girard, rue Saint-Honoré, 152.
14   Girard, rue de l'Ouest, 1, Plaisance.
16   Girard, rue Guichard, 6, Passy.
10   Girard, rue des Vinaigriers, 32.
 6   Girardon, rue du Four-Saint-Germain, 18.
10   Girardon, faubourg Saint-Denis, 148.
18   Giraud, rue Lévis, 68, Monceaux.
 8   Giraudeau, boulevard Haussmann, 101.
 9   Girovergne (Albert), rue de Provence, 14.
 8   Girolet, place de la Madeleine, 19
11   Giraud, rue de la Fidélité, 1.
 5   Giry, rue Mouffetard, 140.
 6   Giordano, route d'Orléans, 29.
14   Gleyre, route d'Orléans, 29.
 1   Goeguen, rue de Viarmes, 16.
 9   Gobeil (Auguste), passage, Jouffroy, 48 bis, au premier.
19   Godailler, Grande-Rue, 86, La Villette.
15   Godard, rue de Javel, 62.

 1   Gaudard, rue du Clos-Bruneau, 13.
17   Godeau, rue de Truffaut, 72, Batignolles.
 9   Gonnard, rue des Martyrs, 44.
11   Gonon, rue de Charonne, 89.
18   Gonon, Grande-Rue-de-La Chapelle, 8.
 2   Gonon, rue Saint-Denis, 74.
 2   Gonon, rue du Petit-Carreau, 38.
15   Gontier, rue de Vanves, 3, Plaisance.
 8   Goret, rue de Taranne, 13.
 2   Gouriot, rue Saint-Marc, 30, au premier.
29   Gorniot, route d'Allemagne, 44, La Villette.
10   Gosse, rue de la Chopinette, 37.
 6   Gottlob, rue de Seine, 27.
 2   Goubault (Eugène), rue de Choiseuil, 17, au premier.
 4   Gombert fils, boulevard Magenta, 26.
13   Goubert, rue du Faubourg-Saint-Antoine, 98.
 8   Goupil, rue du Bel-Respiro, 9.
12   Goudillou, rue de Charenton, 294.
 6   Goudillet, rue de Seine, 54.
17   Gout, rue Lemercier, 19, Batignolles.
 3   Gouret rue Saintonge, 61.
 1   Goussebayles, rue Saint-Roch, 41.
 4   Grandemange, rue des Rosiers, 44.
 6   Goyon, rue Casimir-Delavigne, 2.
11   Grandhomme, rue de Rontreuil, 106.
10   Grandmoulin, rue de Faubourg-Saint-Martin, 237.
 1   Grand, rue Halles, 16.
 1   Graux (Victor), breveté s. g. d. g., rue de Rivoli, 230.
 9   Gray, rue Caumartin, 43 (Eau de fleurs de lis).
 4   Grenat, rue du Temple, 55.
11   Grenat, rue Saint-Irénée, 11.
 4   Grenier, rue Charles V, 2.
 7   Gresil, avenue de Breteuil. 18.
 3   Grivot, rue de Turenne, 72.
15   Grillot, boulevard de Grenelle, 215.
19   Grosbois, rue de Beaune, 22.
 4   Groinet, rue Gamboust, 7.
15   Gros (Théophile), boulevard Malesherbes, 18.

15  Gros, rue Croix-Nivert, 94, Grenelle.
 2  Gros, rue Neuve-Saint Augustin, 25.
20  Grosvalet, rue des Amandiers, 95.
 9  Gruchet, rue Rochechouart, 25.
 9  Guédon, rue du Helder, 12.
 5  Guénant fils, rue Galande, 35.
 5  Guénant père, rue Monge,
11  Guéneteau, rue Oberkampf, 68.
 9  Guénon, rue de Buffault, 25.
 9  Guénond, rue Condorcet, 50.
17  Guérard, rue de la Paix, 35, Batignolles.
10  Guérard, rue Grange-aux-Belles, 10.
 8  Guérard, rue de l'Arcade, 29.
12  Guerrier, rue Saint-Nicolas-Saint-Antoine, 15.
10  Guérin, rue Maubuée, 8.
 3  Guérin, rue du Faubourg-Saint-Antoine, 139.
18  Guérise, rue Letrot, 14 (Montmartre).
11  Guerlet, boulevard Richard-Lenoir, 85.
 5  Guestre, rue Mouffetard, 106.
11  Guidi, rue du Chemin-Vert, 38.
10  Guichard, coiffeur du Conservatoire, rue du Faubourg-
        Poissonnière, 14.
10  Guiet, rue du Faubourg-Saint-Martin, 227.
 9  Guignard, professeur, place Cadet, 12.
 1  Guilbert, boulevard d'Ivry, 2.
 1  Guibert, rue Sainte-Anne, 47.
 3  Guirand, rue de Bretagne, 16.
 7  Guittard, rue de Bourgogne, 55.
 1  Guillaume-Frédéric, rue Saint-Florentin, 16.
 1  Guillaumet, rue Montmartre, 34.
 3  Guillaumont, rue Chapon, 26.
11  Guillaumont, rue Popincourt. 106.
 7  Guille, rue du Bac, 35.
19  Guillet, boulevard de Belleville, 32.
12  Guillet, boulevard Mazas, 96.
 8  Guillemain, rue Miroménil, 23.
 6  Guisard, boulevard Saint-Germain, 42.
17  Guillot, boulevard de Courcelles, 3.

15   Gury, psssage de l'Alma, 19.
11   Guyard, rue du Faubourg-du-Temple, 65.
16   Guyard, rue du Cardinet, 138.
 9   Guyon, professeur, rue Richer, 45. (Médaille d'argent.)
18   Guyot, boulevard des Vertus, 8, La Chapelle.
14   Guiot, rue de Gentilly, 33.
13   Guyot, boulevard de la Gare, 93.
17   Gras, boulevard de Neuilly, 112.


# H


 9   Halnat, rue du Rocher,
19   Hameau, Grande-Rue de La Chapelle, 50.
 4   Hamet, rue du Renard 10.
 8   Hardouin, rue Boissy-d'Anglas, 43.
 5   Hardy, rue des Bourguignons, 5.
13   Haegel, rue Napoléon, 24.
20   Hardy, rue Vandrezanne, barrière de Fontainebleau, 23.
11   Hangel, rue Saint-Maur, 175.
18   Harlay, boulevard des Poissonniers, 36, La Chapelle.
 5   Hallez, rue Buffon, 5 bis.
 3   Harsandeau, rue du Pas-de-la-Mule, 2.
13   Harus, route de Fontainebleau, 148
 2   Haurand, rue Montmartre, 148.
 7   Hayes, boulevard de Clichy, 92, Batignolles.
17   Hayes, boulevard des Batignolles, 62.
 3   Hecht, rue de Turbigo, 36.
13   Hélouin, route d'Orléans, 13.
11   Hemann, rue Fontaine-au-Roi, 28.
18   Hemery, rue de Constantine, 14, La Chapelle.
13   Heinemann, rue du Temple, 66.
20   Henriot, chaussée des Martyrs( 6.
 5   Henry, rue Saint-Jacques, 143.
 3   Henry, rue Michel-le-Comte, 32.
 6   Henry, rue Bréa, 6.
11   Hébert, rue Saint-Maur, 148.

11  Herlacher, rue Saint-Maur, 45.
18  Hervelaut, rue des Acacias, 52, Montmartre.
15  Hervelin, rue du Parc, 1, Vaugirard.
 3  Hestau, rue Vieille-du-Temple, 83.
18  Heuquet (Alexandre), avenue de Clichy, 130.
17  Hilaire, avenue de Clichy, 21, Batignolles.
 1  Hippolyte, rue Saint-Honoré, 356, et place Vendôme, 2.
 9  Hippolyte, boulevard de Strasbourg, 71.
11  Hippolyte, rue Oberkampf, 116.
11  Hingel, rue Saint-Maur, 175.
20  Honoré, rue Julien-Lacroix, 78.
14  Houdin (Auguste), rue de l'Ouest, 1, Plaisance.
 3  Houel (Éugène), rue Neuve-Sainte-Catherine, 18.
13  Houillier, rue Vandrezanne, barrière d'Italie, 17.
11  Houry, rue de Charonne, 133.
11  Hollande, rue de Turbigo, 2.
15  Hofer, rue Lecourbe, 95.
17  Huhert, rue des Dames, 22, Ternes.
16  Huc, rue de l'Echaudée, 14.
18  Huchet, rue de Lévisse, 3, La Chapelle.
18  Huchet, rue de la Nouvelle-France, 2, Montmartre.
15  Huet, rue de la Vierge, 1, Grenelle.
15  Huet, rue Croix-Nivert, 43, Grenelle.
14  Huet, rue de Vanves, 82.
 8  Hugo (Léon), professeur, boulevard Malesherbes, 40.
13  Huguet, boulevard de l'Hôpital, 96.
10  Hulin, boulevard de Denain, 4.
12  Huon, rue de Reuilly, 28.
12  Hurand, rue de Charenton, 4.
11  Hurand, rue Fontaine-au-Roi, 3.
18  Huret, rue de Chabrol, 49, La Chapelle.
10  Huret, rue du Buisson-Saint-Louis, 27.
 8  Husson, rue de Stockolm, 2.
11  Hyacinthe, rue du Faubourg-Saint-Antoine, 218.
 2  Hy, boulevard des Italiens, 25.

# I

Arrond.

11  Ignoux, rue de Montreuil. 53.
 8  Imhoff, rue de Chaillot, 19.
11  Ivelin, rue du Faubourg-Saint-Antoine, 277.

# J

15  Jabadan, boulevard de Sèvres, 56.
18  Jacaud (Henri), rue Royale-Saint-Honoré, 23.
 9  Jacob (Charles), rue Lamartine, 60.
 1  Jacquet, rue Saint-Honoré, 40.
13  Jacquet, avenue d'Italie, 152.
10  Jacquesson, rue Grange-aux-Belles. 30.
11  Jacquin, rue Mogador, 10, La Chapelle.
19  Jacquoir, boulevard du Combat, 6.
11  Jacta, rue Chabannais, 6.
 6  Jager, rue Vavin, 11.
 7  Jalabert (veuve), rue Taitbout, 54.
 5  Jalcau, rue des Trois-Portes, 6, et place Maubert, 8.
 9  Jallais, rue du Paradis-Poissonnière, 79.
10  Janet, rue du Faubourg-Saint-Denis, 190.
 9  Janon (Paulin), rue Caumartin, 46.
 1  Janiot, rue Saint-Honoré, 178.
18  Jannain, rue Biron, 7.
 3  Jauselme, rue Michel-Lecomte, 2.
 2  Jeannin, rue de la Michodière, 29.
 6  Jarlier, rue Dupin, 9.
10  Jeancourt, rue du Faubourg-Saint-Denis, 224.
19  Jeanrenaud, rue d'Isly, 8, la Villette.
 5  Jeaudounenc, rue Soufflot, 14.
13  Jehanno, rue de la Tombe-Issoire, 4.
 9  Jesson; rue Tronchet, 3.
 5  Jobort, rue de l'Arbalète, 12.

3    Joigny, rue Aumaire, 22.
18   Jossier, rue de la Charbonnerie, 9, la Chapelle.
9    Joubert (Félix), rue Lamartine, 10 (en appartement).
8    Jourdan, rue du Faubourg-Saint-Honoré, 111.
8    Jourdan, avenue Joséphine, 41.
14   Jourde, rue de Vanves, 88, Plaisance.
7    Jouve, rue Bellechasse, 38.
9    Jouet, boulevard des Italiens, 28.
3    Jouvin, rue Notre-Dame-de-Nazareth, 76.
5    Jouvé, rue des Anglais, 13.
19   Jubeault (Victor), rue d'Allemagne, 175, la Villette
20   Juin, rue des Partants, 19, Belleville.
7    Julien, rue de Grenelle-Saint-Germain, 153.
5    Junot, rue Saint-Séverin, 4.
4    Juvenon, rue de Fourcy, 16.
7    Job, rue de Sèvres, 47,

# K

7    Klein, rue Rousselet, 32.
1    Kubler, passage Feuillet 8.
9    Klein-Dienst, boulevard Malesherbes, 53.
11   Kuhl, rue Sedaine, 56.

# L

13   Labarte, rue Vieille-du-Temple, 89.
12   Labat, rue Lenoir, 16.
2    Labord, rue Bleue, 5.
1    Laborde, avenue de la Grande-Armée, 44.
2    Labonne, rue du Caire, 22.
8    Laborie, rue de Chaillot, 48.
3    Laborie, rue des Francs-Bourgeois, 14.
6    Labrège, rue Saint-Benoit, 26.

1    Lacara, rue Baillif, 1.
1    Lacombe (Lucien), avenue des Champs-Élysées, 37.
19   Lacoste, rue du Faubourg-Poissonnière, 165.
6    Lacoste, rue Racine, 2.
12   Lacoulonche, fleuriste, rue Montorgueil, 49, au deuxième.
9    Lacroix, rue de la Tour-d'Auvergne, 29.
18   Lafontas, rue du Faubourg Saint-Honoré, 170.
17   Lafond, rue du Havre, 24, Batignolles.
4    Lafond, rue de l'Hôtel-de-Ville, 98.
11   Lagand, rue de Charonne, 102.
19   Lagny, rue de Meaux, 5, Villette.
10   Lagoursol (Michel), rue du Faubourg-du-Temple, 113.
9    Lahaussois, rue d'Amsterdam, 32.
18   Lahoreau (Alfred), rue Riquet, 81, La Chapelle.
18   Lassere, rue des Roses, 24, La Chapelle.
6    Lainé, rue de Seine, 62.
1    Lainé, rue de la Ferronnerie, 12.
20   Laye, rue des Rigoles, 58, Belleville.
3    Lambert, rue Charlot, 43.
11   Lamby, rue de Charenton, 252.
12   Lamère, rue Linné, 5.
11   Landreau, rue du Faubourg Saint-Antoine, 281.
11   Lamoureux, rue Sedaine, 71.
7    Lamoureux, rue de Sèvres, 114.
16   Lamur, Grande-Rue, 41, Auteuil.
20   Lamy, rue de Paris, 181.
13   Lamy, boulevard de la Gare, 43.
7    Lancelin, rue de Lille, 35.
4    Lanchais, rue de Jouy, 2.
15   Langard, quai de Grenelle, 21.
4    Langlois, rue Sainte-Croix-de-la-Bretonnerie, 25.
9    Langlois, rue de Douai, 39.
20   Lapalu, rue Ramponneau, 37, Belleville.
19   Lapierre, rue de Flandre, 75, Villette.
17   Lapouge, avenue des Ternes, 82.
9    Larivière, cité Bergère, 1 (faubourg Montmartre, 6).
10   Lariotte, rue de l'Échiquier, 42.
19   Larme, rue de Flandre, 223, La Villette.

4    Larochette, rue Saint-Louis-en-l'Ile, 34.
10   Larroy, boulevard Magenta, 99,
2    Larue, professeur, passage du Saumon, 48.
10   Larue, rue d'Hauteville, 34.
20   Laroche, boulevard de Belleville, 66.
17   Lrroche, rue du Cardinet, 116, Batignolles.
6    Lasnier, rue Monsieur-le-Prince, 52.
19   Lassalle, boulevard de La Villette, 24, La Villette.
1    Lasseaux, rue des Deux-Écus, 46.
16   Latinaux, rue Saint-Maur, 105.
7    Latour, rue de Courty, 5.
11   Lauche, rue du Grand-Prieuré, 21.
10   Laudinet, boulevard de Strasbourg, 76.
1    Laureau, rue Saint-Denis, 7.
1    Laurency, rue Neuve-des-Petits-Champs, 57, et
       rue Vivienne, 32.
10   Laurent, rue Saint-Laurent, 20,
7    Laurent, rue de l'Église, 54, Gros-Caillou.
1    Laurent, rue Villedo, 9.
4    Laureau, rue Blancs-Manteaux, 41.
14   Lauvret, rue Boulard, 37 (Montrouge).
19   Lauze, rue d'Allemagne, 70 (Villette).
7    Lauze, passage de l'Alma, 12, Gros-Caillou.
1    Lavannant, rue de la Vrillière, 2.
18   Lavantureux (Eugène), Grande-Rue, 68, La Chapelle.
20   Laverrière, rue de l'Orillon, 27.
2    Lavorel, rue du Nil, 9.
3    Laya, rue Bleue, 38.
7    Laymarie, rue du Bac, 81, au premier.
1    Leba  avenue de Neuilly, 187.
17   Lebel, avenue de Clichy, 29, Batignolles.
19   Lebel, rue de Nantes, 19, La Villette.
4    Lébé (Edmond), rue de Turenne, 2.
10   Leblanc, rue du Faubourg-Saint-Denis, 50.
9    Leblond, professeur, boulevard Haussmann, 190.
5    Leblond, rue de l'Arbalète, 4.
4    Leblond, quai de l'Hôtel-de-Ville, 36.
19   Lebœuf, rue de Strasbourg, 38, La Villette.

1   Lebois, place Dauphine, 15 (au premier).

2   Lebossé (Eugène), passage du Grand-Cerf, 5.

5   Lebouhec, rue Saint-Jacques, 281.

19   Leboulanger, avenue de la Grande-Armée, 15.

8   Lecas, boulevard Haussmann, 38.

15   Lecanellier, Grande-Rue, 226, Vaugirard·

8   Lecellier, rue Abbatucci, 15.

7   Leclerc, avenue de Lamotte-Piquet, 41.

19   Leclère, boulevard des Buttes-Chaumont, 4.

2   Lecomte, rue de la Paix, 13.

18   Lecomte, rue des Abbesses, 39, Montmartre,

9   Leconte, rue de Flandre, 121.

20   Leduc, passage de l'Alma, 20.

1   Lecoq (ainé), rue Aux-Ours, 1

18   Lecoq, rue Ramey, 24, Montmartre.

13   Lefèvre, rue Royale, 16 (Deux-Moulins).

19   Lefèvre, rue du Dépotoir, 57 (Villette).

20   Lefèvre, boulevard Ménilmontant, 44.

12   Lefranc, rue Traversière-Saint-Antoine, 71.

2   Legal, boulevard Saint-Denis, 2,

16   Legrain, rue Saint-Denis, 33 (Passy).

18   Legras, boulevard Ornano, 12 (la Chapelle).

14   Legras (Jules), route de Châtillon, 5 (Montrouge).

4   Legros, rue de Jouy, 18.

14   Legueret, rue Jolivet-Montparnasse,

15   Lelong, rue Cambronne, 90.

2   Lelong, rue des Deux-Portes-Saint-Sauveur, 1.

19   Lelong, boulevard de la Villette, 36.

9   Lelong, rue de la Victoire, 8.

17   Lelorge, rue des Moines, 53, Batignolles.

13   Lemaire, rue Nationale, 10 bis (Montmartre).

18   Lemaire, avenue de Saint-Ouen, 72 (Batignolles).

17   Lemaitre, rue des Batignolles, 34.

10   Lemoulant, boulevard de Strasbourg, 42.

3   Lemeunier, rue Froissard, 4.

10   Lemé, rue de Maubeuge, 101.

12   Lemeunier, avenue Lacuée, 6.

12   Lemeunier, rue de Charenton, 54.

16  Lemery, rue de Passy, 52 (Passy).
10  Lemire, rue Gay-Lussac, 5.
 4  Lemoine, quai des Orfèvres, 6.
20  Lemonier, rue de la Jussienne, 21.
 3  Lenoir (Combe), rue des Tournelles, 17.
 9  Lenoire, rue du Faubourg-Poissonnière, 111.
 9  Lenormand, rue Notre-Dame-de-Lorette, 54.
19  Léonard, boulevard de la Villette, 4.
 9  Léonard (Jules), rue Joubert, 7.
 1  Léopold, rue Castiglione, 10.
 1  Léopold, rue de Luxembourg, 3.
14  Lepelletier, rue de la Gaîté-Montparnasse, 19.
 9  Leperchey, rue du Faubourg-Montmartre, 10.
15  Lepied, rue de l'Ecole, 18, Grenelle.
15  Lepinay, grande-rue de Vaugirard, 289.
17  Lepinoy, aîné, rue de Lévis, 33, Batignolles.
 6  Lepoivre (Henri), rue Saint-André-des-Arts, 53.
 1  Leprevost, rue du Bouloi, 8.
 1  Leprince, rue Jean-Jacques-Rousseau, 28.
 7  Lequesne (Edouard), rue de Sèvres, 63.
 7  Leroux, rue Saint-Dominique-Saint-Germain, 227.
 2  Leroy et Albert, brevetés et coiffeurs de LL. MM. la reine
     de Prusse et la reine de Hollande, — et de S. A. R. la
     Grande-Duchesse de Bade, rue Royale-Saint-Honoré, 14,
     successeurs de Mariton.
 3  Lermithe, rue de Turenne, 35.
 3  Lermithe, rue Vieille-du-Temple, 2.
 2  Leroy, rue Saint-Martin, 355.
11  Leroy, boulevard du Temple, 30.
 3  Leroy, rue Quincampoix, 12.
10  Lessage, rue Lafayette, 210.
 2  Lespès (Edm.), boulevard Montmartre, 21.
 4  Lespinasse, rue Saint-Merri, 37.
 9  Lesueur, rue Taitbout, 79.
20  Lessenne, rue de Paris, 158, Belleville.
 1  Lestienne, rue J.-J. Rousseau, 66.
 9  Létoffé, rue Montholon, 28.
 6  Leteux, rue du Vieux-Colombier, 9.

  3   Letellier, rue de Turenne, 98.
  3   Leulier, route d'Italie, 64.
  2   Levasseur, rue Saint-Louis. 7.
 20   Levasseur, chaussée Ménilmontant, 51.
  9   Levent, rue de Maubeuge, 38.
 15   Levautour, avenue Saint-Charles, 32, Grenelle.
  5   Lewointre, rue Saint-Jacques. 236,
 18   Lhermite, rue de la Mairie, 26, Montmartre.
 11   Leygudey, rue de Nemours, 4.
  6   Lhomond, rue de l'École-de-Médecine, 88.
 18   Lhuillier, rue des Abbesses, 4, Montmartre.
 14   Liéberge, route d'Orléans, 194, Montrouge.
  2   Liéby, rue Montmartre, 110.
  8   Liebert, rue de l'Oratoire-du-Roule, 9.
  2   Liger (Jules), fleuriste, rue de Turbigo, 8.
  2   Ligon, rue Neuve-des-Petits-Champs, 4.
  8   Lissoty, boulevard Malesherbes, 89.
 18   Lion, rue Riquet, 36.
 17   Loignon, rue Lévis 49, Batignolles.
 12   Lointu, rue Lacuée, 20.
  1   Loiseau (Jules), place Vendôme, 23.
 13   Loison, route d'Italie, 158, Maison-Blanche.
 11   Lombard, rue des Amandiers-Popincourt, 15.
 17   Lorillière, rue des Dames, 31, Ternes.
  4   Lorillière, rue Saint-Paul, 8.
 19   Lorgère, rue Vincent, 8, Belleville.
  6   Lory, place du Petit-Pont, 4.
 11   Lory, rue de la Roquette, 188.
 17   Louis, rue Lemercier, 44, Batignolles.
 11   Loy, rue de l'Orillon, 4.
 11   Luquet, rue Folie-Méricourt, 54.
  3   Lutz, rue du Poitou, 30.
 12   Lunel, rue de Gallois, 2 (Bercy).


M


  4   Mabire, quai des Célestins, 40.
 19   Mabire, rue d'Allemagne, 52.

3 Macé (Jules), boulevard de la Madeleine, 21.
5 Macé, rue de Bièvre, 2.
5 Mady, boulevard Saint-Michel, 139.
11 Magne, rue Folie-Méricourt, 58.
16 Mailhos, rue Boulainvilliers, 1, Auteuil.
17 Maillat, avenue des Ternes, 35.
17 Maillot, rue Nolet, 11, Batignolles.
3 Malinet, rue de Montmorency, 31.
19 Maire, grande rue-des-Prés-Saint-Gervais, 37, Belleville.
5 Maître, rue Saint-Jacques, 23.
8 Maître, rue de la Pépinière, 56.
11 Mainier, avenue de la Roquette, 38.
8 Malbaux, rue Montaigne, 35.
18 Malvoisin, rue Maubeuge, 67.
19 Malbert, rue d'Allemagne, 131, la Villette.
2 Mangeot, rue d'Aboukir, 136.
8 Maignier, rue d'Amsterdam, 98.
8 Mansard, rue des Saussaies, 8.
10 Manguin (Henri), place Roubaix, 21,
8 Manivet (Félix), rue de Morny, 51.
14 Marcillac, avenue d'Orléans, 35.
9 Marcel, rue Richer, 5.
6 Maréchal, rue Mazarine, 27.
11 Maréchal, rue de Sèvres, 13, Vaugirard.
17 Marical, avenue de Ternes, 42.
12 Marga. Grande-Rue, 26, Bercy.
1 Mariage, rue de Luxembourg, 46.
19 Marigny, rue de Flandre, 59, la Villette.
11 Marin, rue Sedaine, 11.
3 Marlin, rue du Vertbois, 82.
11 Mary, rue d'Angoulême, 74.
17 Marlin, rue de Truffaut, 2, Batignolles.
2 Marmies, boulevard des Capucines, 25.
11 Mars, rue Popincourt, 38.
1 Marola, rue de l'Arbre-Sec, 22.
9 Marolle, rue des Martyrs, 49.
11 Marquet, rue Oberkampf, 5.
10 Martel, rue du Château-d'Eau, 20.

 4  Martel, rue Saint-Martin, 83.
 3  Manus, rue Blondel, 23.
17  Martelières, rue des Dames. 13, Ternes.
 3  Martenne, rue Bleue, 19.
18  Marty, rue de Lebat, 4, Montmartre.
20  Martinet, rue de Paris, 262, Belleville.
11  Martin, rue de Montreuil, 93.
 2  Martin, rue Neuve-Saint-Augustin, 59.
 3  Martin, rue du Poirier 16.
17  Manuel, rue des Dames, 92.
 9  Martin (fils), rue Notre-Dame-de-Lorette, 51.
 6  Martin-Mauclair, rue Dupin, 6.
11  Martin, rue de Charonne. 30.
20  Martin, rue Saint-Martin, 17, Charonne.
 9  Marquis (Auguste), rue Bergère, 34.
11  Martin (Paul), rue de la Verrerie, 16.
10  Martin, rue Paradis-Poissonnière, 2.
20  Massé, rue des Haies, 23, Charonne.
12  Masson, rue des Charbonniers-Saint-Antoine, 14.
 9  Masson, boulevard de Clichy, 7.
 1  Masson, rue de Rivoli, 96.
 1  Masson. rue des Deux-Ecus, 12. -
 3  Mathey, rue de Ponthieu, 37.
11  Mathias, rue de Charonne, 191.
10  Mazurage, pue du Faubourg-Saint-Martin, 201.
 5  Mathon, boulevard Saint-Germain, 66.
19  Maximen, rue Rébeval, 36.
18  Meau, rue de Maistre, 1 (Montmartre).
17  Maublet, avenue de Saint-Ouen, 84.
19  Mauroy, rue d'Allmagne, 177, la Villette.
 5  Maurice, rue Malar, 13.
 5  Maurer, rue Monge, 66.
 6  Maury, rue de l'École-de-Médecine, 4.
 6  Mayer, rue de l'École-de-Médecine, 38.
    Mayer, rue Billault, 7.
 5  Morneau, rue de la Harpe, 38.
 6  Melin, rue Mazarine, 19.
10  Mémain, boulevard Bonne-Nouvelle, 18.

20  Mellé, rue des Amandiers, 24, Charonne.
20  Mellé (fils), rue de Bagnolet, 46, Charonne.
 7  Ménard, chemin de Reuilly, 24, Bercy.
 3  Mesnard, rue Pastourel, 36.
 4  Ménard, rue de l'Ouest, 86.
 6  Mégen, boulevard Montparnasse, 41.
17  Mentens, barrière de Courcelles, 9.
 2  Mercadier (Prosper), rue Saint-Denis, 349.
14  Melhiot, rue de l'Ouest, Paisance, 28.
 1  Merlin, rue Duphot, 20.
12  Ménouvrier, rue de Charenton, 279.
 2  Messinger, professeur, rue St-Joseph, 19.
 6  Metaïs, rue des Saints-Pères, 29.
 1  Metté, rue Saint-Roch, 2.
14  Métivet, rue Vandamme, 10.
18  Métivier, rue Lafayette, 95.
 1  Meurgé, rue Saint-Honoré, 239.
17  Meurice, passage Charlot, 18, Ternes.
 1  Michalon, rue Vivienne, 12.
20  Michel, rue de l'Orillon, 21, Belleville.
 2  Michel (Ad.), passage Choiseul, 61.
 7  Michel, avenue Tourville, 9.
11  Michel, rue Folie-Méricourt, 6.
11  Michel, rue Saint-Maur, 98.
15  Michel, rue de Vanves, 33.
16  Michel, rue Beethoven, 25.
18  Michel, avenue de Saint-Ouen, 50.
 5  Michel, rue de la Collégiale, 21.
 1  Michez, rue Saint-Roch, 47.
14  Michu, rue Dareau, 50,
20  Miedent, rue Saint-Maur, 226.
18  Millardet, boulevard de la Chapelle, 58.
 3  Millevoy, rue Saint-Martin, 201.
 3  Million, rue de Rambuteau, 48.
 8  Minne (Paul), rue de Laborde, 30.
 4  Miranda, rue de la Coutellerie, 4.
 9  Mirasson, rue Rougemont, 1.
10  Mizard, rue du Faubourg-Saint-Martin, 136.

13  Modin, boulevard de la Gare, 90.
 2  Moitre, rue Louis-le-Grand, 2.
 5  Mole, rue Descartes, 44.
13  Monnot, rue Nationale, 14.
 2  Monot, rue du Ponceau, 11.
18  Monier, rue du Théâtre, 10, Montmartre,
 9  Masnier, rue Laval, 38,
10  Mondy, quai Jemmapes, 36.
17  Mongredien, rue des Dames, 16, Batignolles.
13  Montargis-Félix, route d Italie, 127, Maison-Blanche.
 3  Montigny, rue du Vertbois, 68.
 3  Montarou, passage de l'Ancre, 4.
12  Morel, rue de Lyon, 7.
11  Morel, rue Saint-Maur, 170.
 7  Moreau (Auguste), rue de Bréda, 5.
 2  Moreau, rue du Mail, 19, au premier.
 7  Moreau (Pétrus), rue Saint-Antoine, 197.
 5  Morgand, rue des Sept-Voies, 13.
 8  Morin, rue Montaigne, 12.
 5  Morin, rue Descartes, 37.
 1  Morisset, rue de Rivoli, 69.
13  Morizot, barrière Fontainebleau, 128.
19  Mortier, rue d'Allemagne, 210.
 9  Moulin, rue Godot-de-Mauroi, 24.
 3  Mourgues, rue du Pont-aux-Choux, 4.
 5  Mourer, rue Monge, 66.
 2  Mourier, rue Thévenot, impasse de l'Étoile, 1,
 8  Moussard, rue Montaigne, 8.
 9  Mugner, rue Saint-Lazare, 84.
10  Mullet, rue Marcadet, 51, La Chapelle.
 4  Muraire, rue des Deux-Portes-Saint-Jean, 1.
 9  Mussard, rue de la Victoire, 83.
 7  Museux-Aliot, rue de Bourgogne, 32.
 9  Museux, passage Tivoli, 2.
 8  Muzort, Grande-Rue, 64, La Chapelle.

# N

Arrond.

14   Navera, boulovard de Sèvres, 37.
10   Nébut, passage Brady, 2.
 4   Nesistre-Julien, rue Saint-Antoine. 192.
 2   Nicaise, rue Vieille-du-Temple, 97.
 4   Nicaise, rue Saint-Denis, 167.
 1   Nicaise, rue Saint-Denis, 148
19   Nigou, rue de Puebla, 11.
17   Nicolle, rue Davy, 23, Batignolles.
 8   Nicolas, rue de Lonchamps, 20.
10   Nicot, rue Faubourg-Saint-Denis, 228.
19   Niedt, rue Ramponneau, 10·
 1   Nivel, rue Gaillon, 21.
18   Nitzel, rue Saint-Denis, Montmartre.
18   Nioloup, rue Richomme.
 9   Nodes, rue Caumartin, 43.
16   Noël, Grande-Rue, 36, Passy.
 1   Noirat, professeur, rue Neuve-des-Capucines, 7.
 3   Normand, rue des Gravilliers, 20,
17   Normand, rue des Dames, 22, Batignolles.
 1   Normandin frères, breveté s. g. d. g., maison spéciale
       de postiches, rue Neuve-des-Petits-Champs, 5, dans
       le passage des Deux-Pavillons. — Tulle, cheveux.
       (V. p. 146-147.)
 2   Normandin, breveté s. g. d. g , passage Choiseul, 19.
 6   Nouvel, rue Racine, 22.
 2   Nougaret, rue de la Bourse 10.
18   Nouvel, rue de la Carrière, 2, Montmartre.
18   Nouvel, rue des Abbesses, 16.
 0   Nutte, boulevard des Amandiers, 78.

**O**

Arrond.

9 Obert, rue Saint-Honoré, 173.
3 Oldé, rue Saint-Denis, 239.
9 Olivier, rue Taitbout, 30. (Chérau, gendre et successeur.).
19 Olivier (Auguste), rue Aubert, 5.
19 Olivier, boulevard de la Villette, 76.
10 Olivier, passage de l'Industrie, 8.
9 Olivier, rue de la Tour-d'Auvergne, 9.
19 Ogereau, rue de Flandre, 124,
28 Orgerit, rue Julien-Lacroix, 13,

**P**

11 Pages, rue Oberkampf, 96.
15 Paillaud, rue de Cambronne, 8.
14 Pailleux (Ferdinand), rue de Constantine, 25, Plaisance.
7 Payère, rue du Bac, 96.
10 Palazy (Auguste), rue des Marais, 19.
2 Palle, rue Saint-Marc, 7.
2 Palliers, rue des Petits-Pères, 1.
14 Paillé, rue de la Tombe-Issoire, 44.
9 Pascal, professeur, rue Chauveau-Lagarde, 14.
10 Parent, boulevard de Magenta, 126.
Paradis et Cⁱᵉ, rue Le Peletier, 41.
11 Paris, rue Keller, 17.
18 Parpailloux, rue de La Chapelle, 113.
20 Passe (Henri), chaussée Ménilmontant, 27.
18 Pasquer, Léon, 5, La Chapelle.
19 Pasquier, rue de Romainville, 34, Belleville.
9 Pasquier, rue de Clichy, 60.

29  Passebois, rue d'Allemagne, 106.
 9  Passemard (Eugène), rue Galilée, 52.
 6  Pattenotte, rue de Rennes, 147.
12  Pavie, Grande-Rue de Bercy, 40.
11  Paul, rue des Amandiers-Popincourt, 78.
 9  Paupelin, rue Fontaine-Saint-Georges, 21.
 1  Péan, rue de la Roquette, 78.
 4  Péan, rue de a Tombe-Issoire, 61, barrière Saint-Jacques.
 6  Pelletier, passage des Petites-Boucheries, 1.
 3  Pelletier, rue Meslay, 60.
 8  Pelletier, rue Pasquier, 28.
17  Pelenc, rue Lévis, 64, Batignolles.
 3  Pelevé, place du Vieux-Marché, 1.
10  Pelissier, rue du Faubourg-St-Martin, 62, pass. du Marché.
 6  Pépin, avenue de Lowendall, 12.
11  Perez, boulevard Voltaire, 57.
 2  Plessis, rue Marie-Stuart, 24.
19  Péricot, rue de Marseille, 1, la Villette.
12  Péruchot, rue des Charbonniers, 8.
 3  Perrier, professeur, rue des Mauvais-Garçons, 4.
12  Pierrier, rue de Charenton, 110.
 8  Perrin, rue du Faubourg-Saint-Honoré, 14.
 2  Peronin, rue de Cléry, 47.
15  Perot (Mlle), rue de Vaugirard, 50.
10  Perot, rue Philippe-de-Girard, 49.
19  Perrot, rue de Crussol, 4.
 7  Pérotte, avenue de Tourville, 23.
10  Perthuit, rue du Faubourg-Saint-Martin, 129.
 1  Petel, rue de la Monnaie, 5.
16  Peticlaire, rue de la Pompe, 133.
17  Petit, rue des Dames, 51, Batignolles.
14  Petit (Victor), rue de la Tombe-Issoire, 48.
12  Petit, rue de Charenton, 165.
19  Petit, rue des Martyrs, 31.
20  Petit, rue des Amandiers, 79, Belleville.
19  Petit, rue de Flandre, 113, La Villette
19  Petit, rue de Meaux, 23, La Villette.
11  Petit, boulevard Voltaire, 235.

20  Petitat, Grande-Rue de Montreuil, 82, Charonne.
11  Peitz, boulevard Voltaire, 93.
 1  Petrus (professeur), fournisseur breveté de S. A. la Grande-Duchesse de Bade, rue Castiglione, 6.
 1  Pétrus, rue Pagevin, 1.
14  Pétroman, rue du Château, 39, Plaisance.
 6  Pétrowisk, boulevard Saint-Germain, 75.
 1  Peireigne, rue Jean-Jacques-Rousseau, 28.
20  Peyronnil, chaussée Ménilmontant, 18.
10  Peyron, rue de la Villeneuve, 15.
 4  Pezier, rue du Temple, 2.
18  Peyronet, rue d'Amsterdam, 3.
 8  Peroney, rue Saint-Lazare, 134.
 8  Peyruc, rue du Faubourg-Saint-Honoré, 72.
18  Placide, rue de la Roquette, 115.
 3  Plisson, rue Saint-Sauveur, 51.
 2  Philippon, rue du Quatre-Septembre, 26.
 3  Philippe, rue Vieille-du-Temple, 43.
17  Philippe, boulevard Ménilmontant, 52.
 8  Philippe et C⁰, rue Royale, 15.
11  Pibot, rue du Chemin-Vert, 98.
 5  Picard, rue Maître-Albert, 21.
20  Pichard, rue de Paris, 114, Belleville.
19  Pichard, rue de Puebla, 34, la Villette.
 5  Picheray, rue Mouffetard, 83.
18  Pichon, Grande-Rue, 118, la Chapelle.
 2  Pichon, rue Gréneta, 35.
 4  Picque (veuve), rue et île Saint-Louis, 88.
15  Pidolot, rue Lecourbe, 191.
 5  Piedefert, quai de la Tournelle, 24.
19  Pierre (Charles), rue Rébeval, 33, Belleville.
19  Pierre, rue de Meaux, 8.
15  Pierron (Mᶩᶫᵉ), rue Blomet, 55, Vaugirard.
18  Pierson, rue Stephenson, 29, La Chapelle.
18  Pierson, rue Myrrha, 2.
12  Piffard, avenue Lacuée, 2.
15  Pigeon, boulevard Meudon, 5.
12  Pignet, rue de Bercy, 75, Bercy.

3   Pillet, rue Dupuis-du-Temple, 1,
10   Pillois (Julien), rue de Lancry, 3.
10   Pillois, rue de Metz, 8.
6   Pillot, rue Saint-Honoré, 139.
s0   Pimpe, rue de Paris, 109, Charonne.
10   Pinaud, rue Corbeau, 37,
2   Pinchaud, rue Poissonnière, 14, au premier.
13   Pinet, boulevard de la Gare, 141.
6   Pinon, rue Bonaparte, 24.
10   Pinsin, rue du Buisson-Saint-Louis, 15.
3   Pinseau, rue de Saintonge, 62.
17   Piquette, rue Biot, 6, Batignolles.
17   Pitolet, rue de la Paix, 47, Batignolles,
11   Poidevin, rue Fontaine-au-Roi, 56.
2   Pollet, rue Beaurepaire, 8, au premier.
12   Poly, rue Lenoir, 15.
5   Pomel, rue des Boulangers, 1,
20   Pommellec, rue des Noyers, 1, Belleville.
17   Poncelin, rue Daris, 25, Batignolles.
5   Ponthieu, rue Geoffroy-Saint-Hilaire, 16.
9   Ponthet, rue Cadet, 12 (coiffeur du Grand-Opéra).
1   Pons, rue Montmartre, 57.
4   Porret, rue de l'Ouest, 44, Plaisance.
19   Porier, rue des Carrières, 7, la Villette.
18   Potel, Grande-Rue, 64, la Chapelle.
1   Pothier, rue Jeanne-d'Arc, 19.
3   Pottier, rue des Deux-Portes-Saint-Sauveur, 19.
4   Potier, rue Sainte-Croix-de-la-Bretonnerie, 8.
17   Pottier, avenue de Neuilly, 86.
4   Payer, rue Aubry-le-Boucher, 6.
5   Pouclet, rue des Patriarches, 3.
11   Pouet, rue du Faubourg-du-Temple, 86.
13   Pouguet, rue du Chevaleret, 21, Gare d'Ivry.
19   Poulin, rue de Flandre, 129, Villette.
10   Poulain, rue Bichat, 20.
15   Poulain, rue de Cambronne, 76, Vaugirard.
4   Pouponnot, rue des Jardins-Saint-Paul, 20.
9   Pourquiès, rue de Provence, 31.

 9  Poussard, rue de Provence, 57.
 9  Prades, rue du Helder, n° 1, au premier.
 4  Prady, rue Pavée, 7.
 2  Prété, rue Turenne, 57.
 7  Prévost, rue Mallard, 29.
19  Prévost, boulevard de la Chopinette, 18.
10  Prévos, rue de Tracy. 13.
15  Prospert, boulevard de Sèvres, 39.
 5  Prosper-Dusuzeau, rue Saint-Victor, 37.
10  Prost (Charles), boulevard Magenta, 42.
14  Puchieu, boulevard Saint-Jacques, 57.
15  Prud'homme, rue du Camp-Français, 4, Plaisance.
 1  Prud'homme, rue d'Argout, 20.
 8  Puissant (veuve), rue de Chaillot, 1.
11  Puisségur, rue de la Roquette, 32.
 3  Pujol, boulevard Beaumarchais, 99.
14  Puybonnieux, rue de l'Ouest, 17.
15  Puyot, boulevard Montparnasse, 25.


## Q


19  Quatre-Nois, rue de Flandre, 167.
 3  Quemener, rue des Couronnes, 33.
 6  Quentin, rue Dauphine, 22.
10  Quentin, aîné, passage Bourg-l'Abbé, 19.
17  Quentin, rue Demours, 66, Ternes.
11  Quillici, rue de Charonne, 128.
18  Quesnel (Auguste), rue Jessaint, 16, La Chapelle.


## R


12  Rabasse, Gare, d'Ivry, 86.
19  Rabier, rue de Belleville, 250.

8  Radondy, rue de La Chapelle, 8.
9  Raas, rue Notre-Dame-de-Lorette, 4.
2  Ragaru, passage Choiseul, 19,
9  Raciat (Baptiste), rue de la Grange-Batelière, 22.
2  Ramis, rue Saint-Sauveur. 2.
2  Rampion, succ. de Mitton, rue des Filles-St-Thomas, 7.
12  Rounet, rue de Charenton, 79, Bercy.
3  Rafanel, rue de Charenton, 102.
9  Ravelu, rue Surcouf, 12.
5  Ravely, boulevard de l'Hôpital, 30.
14  Ravier, rue de l'Ouest. 52, Paisance.
19  Razurelle, rue de Flandre, 28.
1  Raymond, boulevard Monceaux, 66.
5  Recolin, rue Mouffetard, 83.
9  Reymont, rue d'Enghien, 5.
2  Rebillat, rue de Trévise, 26.
13  Rech, rue de la Glacière, 96.
7  Reinhart, rue de la Comète-des-Invalides, 12.
3  Remon, rue de la Huchette, 22.
11  Remondière, rue Saint-Bernard, 10.
19  Renard, rue de Flandre, 153, La Villette.
19  Renaud, rue de Flandre, 29, La Villette.
7  Renaud (Victor), rue du Bac, 82.
13  Renaud, rue de la Gare, 74.
9  Renoult, rue Saint-Georges, 9.
9  Renon, rue d'Amsterdam, 48.
12  Revêche, rue de Charenton, 237 (Bercy).
18  Reve, rue des Accacias, 37, Montmartre.
11  Renoult, rue Oberkampf, 116.
2  Renouard, rue Favart, 18.
20  Rey, Grande-Rue, 117, Chapelle.
6  Reymond (professeur), rue du Cherche-Midi, 2.
2  Reynaud, rue Neuve-Saint-Augustin, 16.
19  Richard, rue de Nancy, 3, La Villette.
11  Richard, rue des Trois-Bornes, 21.
19  Richard, passage Blanchard, 2 (Villette).
4  Richard-Peuvrez, rue des Ecouffes, 1.
1  Ricard, boulevard Beaumarchais, 20.

1   Richer, rue de la Grande-Truanderie, 25.
12  Rivet, rue de Charenton, 211, Bercy.
14  Rivière, chaussée du Maine, 88.
7   Richier, rue de Beaune, 13.
11  Richy (veuve), rue Oberkampf, 35.
14  Riot, avenue de Lowendall, 18.
5   Robert, rue de la Poterie, 10.
20  Robert, rue des Amandiers, 101, Belleville.
15  Robert, avenue de la Motte-Piquet, 40.
7   Robert, rue de Sèvres, 4.
19  Robert, rue d'Allemagne, 181.
1   Robin, rue et place Laborde, 1.
10  Robin, rue Magnan, 24.
1   Robin, rue d'Argout, 40.
8   Robinet, rue de Trévise, 37.
17  Robinot, place de l'Eglise, 5, Batignolles.
10  Roche, rue de Lancry, 48.
5   Roche, rue de la Glacière, 6.
8   Rochelot, boulevard Saint-Michel.
2   Rodot (Désiré), rue de Rambuteau, 63, au premier.
2   Roga, boulevard Poissonnière, 12.
    Roger, rue du Val-Sainte-Catherine, 17.
9   Rogier, rue de la Tour-d'Auvergne, 35.
12  Romans, rue de Reuilly, 10.
15  Ronchaud, route du Transit, 15, Grenelle.
8   Rohr, rue Chauvau-Lagarde, 12.
15  Roncin (Paul), rue de Vaugirard, 371, Vaugirard.
11  Rondinet, rue Basfroi, 32.
19  Rondeau, rue Sébastopol, 15, La Villette.
13  Ronger, route d'Orléans, 7.
6   Ronger, rue de l'Ouest, 85.
2   Roose, rue Saint-Denis, passage Basfour, 6.
18  Roth, rue du Ruisseau, 58, Montmartre.
10  Rougier, rue des Petites-Écuries, 10.
8   Roulleau, avenue Bayard, 8.
11  Rouillon, rue de la Roquette, 177.
11  Rousseau, rue Saint-Maur-Popincourt, 31.
1   Rousseau (Eugène), boulevard Sébastopol, 21.

13   Rousseau, boulevard d'Arcueil, 25
15   Rousseau, rue de la Goutte-d'Or, 54, La Chapelle.
19   Roussel, rue Rébeval, 51, Belleville.
 2   Rousselet (Marius), boulevard Bonne-Nouvelle, 8.
 9   Rousselle, rue Geoffroy-Marie, 3.
 3   Rousselot, cité Boufflers, 2.
10   Rousset, rue Magenta, 11.
14   Rousier. rue de la Pépinière, 62, Montrouge.
16   Roux (Hippolyte), rue Beethoven, 25.
11   Rouvillain, rue d'Angoulême-du-Temple, 70.
15   Royer, rue Delourmel.
 7   Roger, rue de Grenelle-Saint-Germain, 105.
 1   Royer, rue St-Germain-l'Auxerrois, 5.
 2   Royer, rue Sainte-Anne, 65.
 9   Royer, rue Condorcet, 65.
18   Royer, rue de Jesaint, 21, la Chapelle.
15   Royère, rue Kléber, 42 *bis*.
 1   Royon, rue Neuve-des-Petits-Champs, 55.
 7   Royon, rue Vanneau, 36.
 7   Roze (veuve), rue Rousselot, 1.
18   Roze, boulevard de La Chapelle, 24.
18   Ruffini, rue d'Anjou-Saint-Honoré, 14.
 4   Rampaud, rue du Pont-Louis-Philippe, 22.


## S


13   Saffray, quai de la gare d'Ivry, 4.
 2   Sagne, rue Montmartre, 57, au premier.
 2   Saint-Just, breveté de la princesse de Metternich, rue
         Marivaux, 4.
 3   Saint-Pierre, rue Charlot, 83.
 3   Sainto (Henry), rue Charlot, 59.
 6   Saintrand (Charles', passage de l'Abbaye, 4.
 9   Saladin, rue Godot-de-Mauroi, 23.
18   Salignac, rue de la Goutte-d'Or, 26, La Chapelle.
 7   Sandrier, rue du Champ-de-Mars, 14.

11    Sampo, rue Sedaine, 32.
 6    Sansot (Eugène), rue de Châteaudun, 10.
19    Sarazin, rue de Flandre, 129.
 5    Sarlongue, rue Linné, 18.
17    Sarsat, avenue de Clichy, 168.
 8    Saulais, rue d'Orléans-Saint-Honoré, 17.
 2    Saulez, rue Caumartin, 15.
11    Saunier, boulevard Voltaire, 78.
11    Saumure, rue Oberkampf, 46.
20    Sauter, rue des Amandiers, 34, Belleville.
 1    Sauchaud, rue Richelieu, 10.
 9    Savaton, rue Cadet, 3.
 5    Sécache, rue des Grands-Degrés, 1.
 2    Schinddelé, rue Notre-Dame-des-Victoires, 9.
 6    Schmit, rue du Dragon, 44.
14    Schmit, rue du Chemin-de-Fer, 67.
11    Schmit, boulevard Mazas, 126.
 9    Schuller (Félix), rue des Martyrs, 19.
19    Ségata (Frédéric), rue d'Allemagne, 126, La Villette.
10    Selzer, boulevard de La Villette, 128.
 9    Serge, avenue d'Eylau, 7.
 2    Sergent, rue Neuve-Saint-Augustin, 58, au premier.
10    Servan, rue du Faubourg-du-Temple, 129.
 7    Seve, avenue, Lamotte-Piquet, 27.
 7    Silvestre, rue Saint-Dominique-des-Invalides, 122.
17    Sillas, rue de Levis, 26.
13    Simon, avenue d'Italie, 84.
11    Simon, rue de la Roquette, 48, passage Sainte-Marie.
 1    Simonne, rue de Rivoil, 214.
14    Simon, rue de Vanves, 39, Plaisance.
17    Simon boulevard de Batignolles, 94.
18    Simonnet, rue Poulet, 17, Montmartre.
 1    Sint, rue Neuve-des-Petits-Champs, 35.
 9    Sinot, rue de Clichy, 36.
 8    Sojaut, boulevard Haussmann, 74.
18    Sollet (veuve, rue de l'Empereur, 33, Montmartre.
13    Sollier (veuve), rue de Sèvres, 233, Vaugirard.
20    Soiron. rue de Tourtille, 10.

# T

18   Tessendier, rue Feutrier, 5, Montmartre.
10   Tessendier, rue de Dunkerque, 68.
 2   Tessereau, rue Thiers, 3.
19   Tessier, boulevard du Combat, 48.
 9   Tessier (Marin), rue de la Chaussée-d'Antin, 27.
19   Tesson, rue d'Allemagne, 163, La Villette.
13   Thebeaud, boulevard d'Italie, 143.
11   Tessetelin, rue Crozatier, 45,
11   Theurier, rue Gambey, 2.
11   Théodore (Grosset), grande rue de Montreuil, 110.
 2   Thibierge, rue Vide-Gousset, 4.
12   Thiéry (Frédéric), rue de la Nativité, 40 (Bercy.)
 4   Thierry, rue Saint-Antoine, 145.
 5   Thomas, rue de Bièvre, 2.
15   Thomas, Grande-Rue, 179, Vaugirard.
 2   Thomas, rue d'Amboise, 3.
19   Thomée, boulevard de Belleville, 34.
 2   Thibault, rue Poissonnière, 83.
18   Thorel, boulevard Rochechouart, 84.
 2   Thomasset, rue Sainte-Barbe-Bonne-Nouvelle, 16.
11   Thorry, rue Morey, 29.
 9   Thuillard, rue Blanche, 100.
20   Thuileau, rue de la Mare, 60. Belleville.
11   Thuillier, rue de Nemours, 2.
10   Tixier, passage Chausson, 9.
20   Titot, route de Montreuil, 9.
16   Tisserand, rue du Marché, 7 (Passy).
 9   Tolosa (Francis), rue de Buffault, 8.
19   Toquenne, avenue de Clichy, 120.
 8   Toulotz, rue du Faubourg-Saint-Honoré, passage Saint-
         Philippe-du-Roule, 6.
14   Toulot, rue de Csnstantine, Tontrouge.
 4   Toulouze. boulevard Saint-Michel, 36.
19   Tourait, rue Grange-aux-Belles, 4.
 3   Toulousan (veuve), rue Beaubourg, 13.
 3   Torelli, rue du Pont-aux-Choux, 20.
 3   Tournaillon, rue Beaubourg, 3.
 1   Tourtoura, rue Saint-Honoré, 340.

9  Toutin, rue Caumartin, 62.
13  Toussain, boulevard d'Italie, 143.
10  Toutenuit, rue Magnan, 6.
 9  Toyes, rue du Faubourg-Montmartre, 17.
 6  Tramblay, rue Saint-André-des-Arts, 22.
11  Travailleurs, rue du Faubourg-Saint-Antoine, 143.
17  Tréguet, boulevard des Batignolles, 74.
19  Tréhin, rue d'Allemagne, 15, La Villette.
16  Trifoux, rue Lauriston, 63.
20  Trinello, professeur, rue de Paris, 98, Belleville.
17  Troquard, boulevard de Clichy, 140 (Batignolles).
18  Trollet, rue des Poissonniers, 31, La Chapelle.
16  Troté (Clovis), rue Largillière, 2 (Passy).
 8  Troupillon, avenue des Champs-Élysées, 42.
 9  Turcot, rue Bellefond, 41.
 7  Turlutte, rue de Verneuil, 40.
 9  Turcot, rue de Dunkerque, 33 bis.
 6  Turquetil, rue de Sèvres, 107 (au premier.)
16  Turquety, rue du Paquet-de-Ville-Just, 5, Passy,
10  Turquiet, rue des Ecluses-Saint-Martin, 25.
12  Turmol, rue de la Collégiale, 17.
 6  Truel, rue Jacob, 13.
18  Trufflet, passage du Désir, 2.


## U


1  Uhlmann, rue Saintonge, 4.
2  Urfier, rue Traversière-Saint-Antoine, 59.
6  Ursent rue des Canettes, 13.
15  Ursen (Constant), rue de Vaugirard, 132.


## V


18  Vaaste, boulevard de la Chapelle, 126.
16  Vaguet, passage Saint-Louis, 18.

19   Valentin, rue de Flandre, 52, La Villette.
 4   Valette, rue Pernelle, 7.
 2   Vallagnosc (Alphonse), boulevard des Italiens, 17.
 2   Valerius (François), rue Notre-Dame-des-Victoires, 6.
 8   Valomer (Henri). avenue des Champs-Élysées, 73.
     Vassard, rue Marie-Louise, 5.
 1   Val Limanne et Cuny, rue du Luxembourg, 51.
10   Vatier, boulevard de Denain, 6.
 3   Vandam, professeur, rue de Bondy, 24.
 3   Vandam, rue Grenéta, 9.
 2   Vandam, boulevard Bonne-Nouvelle, 1.
20   Vandevyver, rue du Pressoir, 17, Belleville.
 9   Vanecks, rue Rochechouart, 45.
18   Vaesen. avenue de Clichy, 190, Batignolles.
12   Vaute, Grande-Rue de Reuilly, 60.
13   Vauquelin, rue de la Tombe-Issoire, 82.
12   Veaulin, Grande-Rue, 7, Bercy.
11   Védel, de l'Orillon, 3.
 1   Veret (Auguste), rue Saint-Honoré, 416.
1L   Verges, rue de la Paix, 78, Batignolles.
17   Vernoy, avenue des Ternes, 5.
 2   Veuillet (Joseph), rue de Louis-le-Grand, 37.
 9   Veyrand, rue Caumartin, 31.
 8   Victor, rue Ponthieu. 41.
 6   Victor, rue Dupuis, 9.
10   Vidal, rue du Faubourg-Saint-Martin, 184.
15   Vergez, Grande-Rue, 261, Vaugirard.
 9   Villatte, rue de la Grange-Batelière, 8.
 2   Villemiane, rue Saint-Marc, 34.
 3   Villemart, boulevard Malesherbes, 50.
 1   Villard, rue Croix-des-Petits-Champs, 17.
11   Vinaugé, boulevard des Amandiers, 102.
15   Vincent (Emile), rue du Théâtre, 35 (Grenelle).
12   Viellard, rue Érard, 28.
 1   Vieu (Hippolyte), rue de Rivoli, 116.
 7   Vinchon (Aimé), avenue de Lamotte-Piquet, 50,
 8   Vinchon (fils), avenue d'Eylau. 76.
 5   Vintz, professeur, rue Cujas, 16.

1    Vigier, rue du Colisée, 41.
5    Virtet, rue Saint-Victor, 129.
9    Virgil, rue de la Chaussée-d'Antin, 24.
12   Vongofft, rue de Charenton, 102.
16   Vrillotte, rue Cuissard, 1, Auteuil,

## W

11   Warbeck, rue Saint-Maur, 128.
15   Wasmer, avenue du Maine, 30.
9    Webert (veuve), rue du Faubourg-Montmartre, 24.
8    Webster, galerie de la Madeleine.
9    Weztshein, rue des Martyrs, 79.
8    Winkein (madame), rue du Commerce, 20, Grenelle.
3    Willemot, rue Vieille-du-Temple, 26.
11   Wiard, rue du Faubourg-Saint-Antoine, 171.
6    Woisena, rue du Cherche-Midi, 55.

## X

1    Xavier, Marchandise, rue des Bourdonnais, 6,

## Y

9    Yardin, rue du Faubourg-Montmartre, 40.
15   Yon (Julien), rue de la Vierge, 4, Grenelle.

## Z

9    Zippert, professeur, rue de Maubeuge, 2.
10   Zoogger, rue d'Hauteville, 8.

---

Toutes les rectifications à l'Annuaire seront reçues avec reconnaissance ; nous prions MM. les Coiffeurs de nous adresser à ce sujet leurs réclamations, soit sur les noms, soit sur les adresses ou changement de domicile.

# NOMS ET ADRESSES

### DES

## COIFFEURS DE LA BANLIEUE DE PARIS

**Alfort**

Vignalet, Grande-Rue.

**Alfort-Ville**

Parisis (Léon), rue Véron.

**Antony**

Gouget (Vve), r. d'Orléans, 46.
Pattu.

**Arcueil**

Dupin, r. Bertholet, 1.
Garnier, Grande-Rue, 15.
Gras fils, Grande-Rue, 61.
Moreau, Grande-Rue.
Rivière, place de l'Eglise, 49.

**Asnières**

Dubreuil, rue du Pont.
Fourat. Grande-Rue.
Souffay, Grande-Rue.

**Aubervilliers**

Busson, rue Dumoutier, 5.
Delfrère, rue Dumoutier, 42.
Labat, route de Flandre, 48.
Lamarre, rue Dumoutier, 32.
Ragaine, rue des Charrons, 8.
Romé, route de Flandre, 33.
Zieger, route de Flandre, 57.

**Bagneux**

Migeot, place de l'Eglise.

**Bagnolet**

Aerts fils, Grande-Rue, 8.
Dubu, Grande-Rue, 15.
Lainé, Grande-Rue, 40.
Vergnes, rue de Paris, 6.

**Bellevue**

Barré, Grande-Rue, 20.

**Bicêtre**

Cherot, place de Bicêtre.

**Bobigny**

Poulain.

**Bondy**

Oster (Mme), Grande-Rue.
Rapineau.
Turquais. (Médaille d'argent.)

**Bourg-la-Reine**

Gabillot jeune, Grande-Rue, 42.
Roux, Grande-Rue, 73.

**Bourget**

Barrat.
Bordier.
Devillers.
Lamarre (Alphonse).
Mouche.

**Boulogne**

Adolphe, rue du Perchant.
Arlaud, aven. de la Reine, 100.
Aubraye, route de la Reine, 89.
Branche, rue d'Aguesseau.
Couillard, chaussée du Port, 14.
Decroix, porte Saint-Cloud.
Fohanno, rue du Menu, 14
Grosset, aven. de la Reine, 96.
Hennequin, Grande-Rue, 28.
Lefèvre, rue de l'Eglise, 1 bis.
Lemeunier, Grande-Rue, 75.
Mavy, Grande-Rue, 31.

Quelvey, Grande-Rue, 112.
Sarrazin, rue d'Aguesseau, 39.
Testard, rue du Perchant, 3.
Thouin, Grande-Rue, 111.

### Champigny

Desterne, par Saint-Maur.
Laceur, par Saint-Maur.
Turin, par Saint-Maur.

### Charenton

Borel, rue des Carrières, 62.
Couillard, rue des Carrières, 70
Druelle, rue de Paris, 60.
Dubreuil, Grande-Rue, 30.
Mathieu, rue du Pont, 7.
Thubœuf, rue de Paris.
Vaugeois, route de Saint-
    Mandé, 9.

### Châtillon

Bertoux, rue de la Fontaine, 5
Braquet, Grande-Rue.
Fratré, route de Châtillon, 32.

### Choisy-le-Roi

Boyer, rue du Pont, 14.
Boyer, rue Saint-Louis, 28.
Chenais, rue du Marché.
Chouard, aven. de Paris, 67.
Gabard, rue de la Raffine-
    rie, 25.
Lebègue, rue du Pont, 11.

### Clamart

Charles, rue de Paris.
Plé (Eugène), rue du Trozy.
Riotte, rue de Paris, 18.

### Clichy-la-Garenne

Adolphe, rue de Malte, 26.
Aubert, rue de Paris, 57.
Blanchet, rue de Malte, 3.
Blétry, route de la Révolte, 60
Colmer, rue de Paris, 60.
Jacob, rue de Paris, 7.
Letallec, rue du Landy, 10.
Marion, rue de Paris, 84.
Ménil (Jules), r. de Paris, 109.
Randon, route d'Asnières, 8.

Roy, route de Paris, 21.
Vitran, route de la Révolte, 112

### Colombes (Bois)

Essillard, r. des Bourguignons

### Colombes

Casimir, rue Saint-Denis, 46.
Toyé, rue Bournard.
Teste (Pierre).

### Courbevoie

Concrose, Petite-Caserne, 1.
Hortalou, rue de Bezons, 63.
Jacquet (Th.), rue de Bezons, 3
Lassere, rue de Paris, 19.
Pond, quai de Seine, 15.
Redon, place Napoléon, 1.
Sauvage, rue de l'Eglise, 2.
Trousselle, rue de Bezons, 12.
Teychenne, pl. de la Rotonde.

### Creteil-sur-Marne

Charpin, Grande-Rue.
Gonzalès, Grande-Rue.
Mourette, Grande-Rue.

### Epinay-sur-Seine

Etienne (Philibert).
Lefebvre, rue de Paris, 33.
Blondeau, rue de Paris.

### Fontenay-aux-Roses

Feron, Grande-Rue, 59.
Noël, Grande-Rue, 48.
Plaszczykowski, Gr.-Rue, 103.

### Fontenay-sous-Bois

Barrault (Jules).

### Gennevilliers

Chapart, rue Saint-Denis, 34.
Lefort et fils, place de l'Eglise.

### Gentilly

Coyard, rue Frileuse, 47.
David, rue de la Glacière.
Dannaud, route de Fontaine-
    bleau, 26.
Gras, rue Frileuse, 48.

Millon, rue Frileuse, 80.
Petit, rue du Pont-Neuf, 2.

### Issy

Bourdel (L.), au Mont-Cartier.
Casimir, au Mont-Cartier.
Dornat, place Duvivier, 1.
Legrand, Grande-Rue, 65.
Lioret, Grande-Rue, 29.

### Ivry

Foucault,. place de l'Eglise.
Gassemann, Gare-Prol., 52.
Fermain, rue Liégat.
Jeyfroid, rue Impériale, 63.
Vignalet, rue Voltaire, 7.

### Ivry (Petit)

Chauvin, rue de Paris, 49.
Maréchal, rue de Paris, 28.
Preville, rue de Paris, 48.
Régoudau, à la gare d'Ivry.

### Joinville-le-Pont

Albert-Grosbois, r. du Pont, 26
Léguillon, rue de Paris.

### Maisons-Alfort

Dobremer.
Lelong, place de l'Église.

### Montreuil

Alexandre, Grande-Rue, 57.
Barthelemy, rue de Paris, 276.
Bessy, rue de Paris, 330.
Blaise (Eug.), r. du Milieu, 72.
Bureau, rue du Milieu, 84.
Last, rue de Paris, 181.
Leroux, route de Paris, 121.
Levêque, rue du Pré, 67.
Merlard, rue du Pré, 37.
Verrier, place de l'Eglise, 32.

### Nanterre

Allard, rue du Chemin-de-
   Fer, 10.
Conain, r. Saint-Germain, 10.
Gandon (Ern.), r. de Paris, 15.
Marias (Bapt.), r. de Paris, 25.
Rouillard, place de Martroy.

### Neuilly

Brillet, av. de Neuilly, 140.
Chesnay, av. de Neuilly, 141.
Dumont (Vve), rue Basse-de-
   Longchamps, 15.
Dupont, rue de Sablonville, 55
Lacordelle, aven. de Neuilly,
   155.
Lefèvre, r. de Sablonville, 21.
Linval, r. de Sablonville, 34.
Montouchet, rue de Sablon-
   ville, 39.
Morin, av. de Neuilly, 42.
Thoreau (Vve), r. du Château.
Thouin, av. de Neuilly, 195.

### Nogent-sur-Marne

Dupetit, Grande-Rue.
Laplace, Grande-Rue, 114.
Pobernet, Grande-Rue, 84.
Verdavoine, Grande-Rue, 140.

### Noisy-le-Sec

Cantin, place Publique, 2.
Jubault (Mme).

### Orly

André, rue des Caves.

### Pantin

Arbin, rue de Paris, 138.
Arnoult, rue de l'Eglise, 4.
Daire (Const.), r. Magenta, 11
Magdelaine, Gr.-Rue, 138.
Manson, Grande-Rue, 24.
Prévost, Grande-Rue, 66.
Pricart, rue Montorgueil, 5.
Pringué, rue de Paris, 67.
Romey, route de Flandre, 33.
Rousset, rue des Prés-St-Ger-
   vais, 55.
Rousset aîné, rue Magenta, 15
Ziegier, route de Flandre, 70.

### Perret-Valois

Baronnet, r. de Courcelles, 59.
Boudin, rue de Courcelles, 65.

Choine, rue de Courcelles, 38.
Copy (Hip.), place Saint-Vin-
cent-de-Paul, 2.
Faugerand, r. de Courcelles.
Haegel, rue du Parc, 33.
Lebas, r. de Courcelles, 56.
Marquet, rue Vallier, 46.
Poncet, rue du Bois, 25.
Rimbaut, rue des Arts, 53.
Royer, r. des Frères-Hébert, 26

### Pierrefitte

Bordeaux.

### Puteaux

Barbier (Auguste), rue de
l'Église, 11.
Bigot, rue Poireau, 48.
Brégeon, rue de la Croix, 51.
Caillol, rue Godefroi, 12.
Hervé, rue Agathe, 12.
Honoré, rue de Paris, 121.
Lartigue, rue de la Croix, 15.
Maciet, rue Saint-Denis, 59.
Perrot, rue Saint-Denis, 45.
Plateau, rue de Nanterre, 7.

### Rainey

Boivin, r. du Chemin-de-Fer.
Caillet, rue du Chemin-de-
Fer, 14.

### Romainville

Duval, rue de Paris, 132.
Lépine père, rue de Montreuil
34.
Lépine fils, rue de Pantin, 21.
Oger (V.), r. St-Germain, 16.
Rigal (V¹), r. St-Germain, 3.

### Saint-Denis

Azais, av. Saint-Denis, 102.
Bonthoux, rue de la Froma-
magerie, 7.
Barrière, rue de Paris, 27.
Chamand, rue Compoise, 46.
Dufourneau, rue Solgé, 1.
Fontaine, rue de la Boulan-
gerie, 17.

Frouard, rue de Paris, 130.
Gallimant, r. de Paris, 58.
Hy (Charles), rue de Paris, 17.
Jacob, r. de la Charonnerie 1.
Lambinet (Eug.), rue Com-
poise, 35.
Lamoureux, rue de Paris, 31.
Leborgne, rue de Paris, 98.
Lefebvre, rue de Paris, 82.
Marquant, rue Solgé.
Morsaline, rue Compoise, 91.
Ouine, rue de Paris, 74.
Ravant, rue de Paris, 39.
Richard, place d'Armes, 8.
Roussel, rue Solgé, 28.
Saintier, rue du Port, 39.
Sarazin, rue de Paris, 99.
Théophile Defawe, rue Solgé,
23.

### Saint-Mandé

Bohain, c. de Vincennes, 66.
Bonneau, Grande-Rue, 1.
Flamend, Grande-Rue, 32.
Gallet, r. de la Prévoyance, 36
Viany, cours de Vincennes, 32

### Saint-Maur

Bidot, rue de la Procession.
Sédille, à la Croix-Souris-St-
Maur.

### Saint-Maurice

Leclère.

### Saint-Ouen

Clerc, route de la Révolte, 37.
Leroy, rue de Paris, 6.
Louis, av des Batignolles, 106.
Maudet, rue du Landy, 4.
Vernet, port et gare St-Ouen.
Vincent, route des Batignol-
les, 126.

### Sceaux

Boussau, rue Houdan, 25.
Caron, rue Houdan, 17.
Genard, rue Houdan, 34.
Olivier, rue Houdan, 45.

### Suresnes

Cazes, place d'Armes.
Harbulaud, r. de St-Cloud, 41
Jourdain, rue des Sceaux-
  d'Eau, 12.
Leroy, rue du Moutier, 42.
Théry. place Henri IV.

### Vanves

Bilion, rue Saint-Martin, 14.
Kohl, rue San-Francisco, 57.
Letellier, rue Saint-Martin.
Vaillant, place Duval,

### Varenne-Saint-Maur

Campistron.
Lahoreau.

### Villejuif

Miroir.
Serreau.

### Villemomble

Reynard.

### Vincennes

Augustin, r. de l'Hôtel-de-
  Ville, 14.
Boulogne, rue du Levant, 29.
Chenuet, rue du Midi, 66.
Croix, r. de l'Hôtel-de-Vil-
  le, 3.
Dubrul, rue du Midi, 47.
Forestier, rue du Midi, 40.
Fouassin, r. de Fontenay, 138
Gallet, r. de la Prévoyance, 24
Cuguen, rue du Levant.
Paul, rue du Levant, 28.
Petiteau, av. de Vincennes, 51
Thuret (veuve), route de Vin-
  cennes, 40.
Vaugeois, rue du Midi, 5.

### Vitry

Forest, rue Audigeois, 3.
Fournier, boul. Lamouroux.
Geoffroy, rue Saint-Aubin, 3.

# NOMS ET ADRESSES

DES

## COIFFEURS DES DÉPARTEMENTS

### AIN

#### Bourg

Charrière, rue Saint-Nicolas.
Forestier, faubourg de Mâcon.
Frémiont, rue Crève-Cœur.
Grand, rue Notre Dame, 17.
Guennet, rue Notre-Dame.
Merle, rue des Halles.
Nallet, place d'Armes.
Odoley, place du Greffe.

#### Culoz

Giraud.
Giguez (Mme).

#### Maison-Blanche

Cusin.

#### Meximieux

Aiguillon.

#### Montluel

Bellan.
Drumillion.

#### Montmerle

Colon.

#### Nantua

Bourbon.

#### Pont-de-Vaux

Gendet, Grande-Rue.
Lachaise père, Grande-Rue.
Lachaise fils, Grande-Rue.

#### Thoissey

Curty, Grande-Rue.
Mouroux, rue du Port.
Navele, Grande-Rue.

#### Trévoux

Annequin.
Chazette, Grande-Rue.
Jérôme, Grande-Rue.
Nequerre, Grande-Rue.

### AISNE

#### Laon

Aubert, rue Saint-Martin.
Aymard, rue Châtelaine.
Cholet, rue David.
Duval, rue de la Herse.
Lesage, rue David.
Lévêque, place du Marché.
Vouillac (aîné), place Dubourg
Vouillac (j.), r. Châtelaine, 12.

#### Bohain

Besville. Grande-Place.
Léger (Alexandre).

#### Bruyères

Marcoux, Grande-Rue.

#### Château-Thierry

Bezard, faubourg de Marne, 49
Magnac, rue St-Crépin.

Quesnel-Gallois, faubourg de
  Marne, 17.
Quesnel, fils, Grande-Rue, 89
Vanduren, rue du Pont.

### Chauny

Benard, rue Royale, 83.
Caura, rue de la Chaussée.
Coguet, rue de la Chaussée.
Gaillard. rue de l'Hôtel-de-
  Ville.
Gaillard, rue de la Chaussée.
Salemon, rue de Noyon.
Valois (Charles).

### Coucy-le-Château

Randon.

### Fère-en-Tardanois

Claude.
Dubois, Grande-Rue.

### La Fère

Baudet, rue du Bourget.
Milè, rue des Trois-Rois, 45.
Roger, r. des Trois-Rois, 101.
Tombois, rne des Trois-Rois.
Vitasse, rue du Bourget.

### Saint-Quentin

Alavoine, rue d'Isle.
Allard, r. Croix-Belle-Porte, 26
Barbier, rue St-André, 5.
Bideaux, rue d'Isle, 33.
Bruyer, rue Croix-Belle-Porte
Boudou, r. de la Sellerie, 30.
Clément, Pont d'Isle.
Desfossés, rue du Palais-de-
  Justice, 10.
Doby, Grande-Place, 30.
Delavigne, rue Saint-Jean, 56
Delecolle, rue Saint-Martin,
  35.
Hubert, rue du Collége, 1.
Leroux, rue des F.-St-Jean.
Marcel-Turbaux, r. Martin, 4.
Mouton (J.), rue St-Jean, 10.
Poindron. r. St-Martin, 26.
Tison, rue de la Sellerie, 11.

### Soissons

Carlier, rue Saint-Waast.
Cambray, r. de la Congrégation
Choiselat, r. St-Christophe, 5
Ducz, r. de la Vieille-Gagnerie
Duchange, rue Saint-Martin.
Guérin, rue Saint-Martin.
Gimon, rue du Collége, 5.
Leclerc, rue Saint-Waast.
Lelièvre, rue Saint-Martin.
Lemasson, rue du Mouton.
Macaire, rue Saint-Cristophe.
Rochard, r. Saint-Christophe

### Vic-sur-Aisne

Delaruelle.
Levasseur (veuve).
Loret.

### Villers-Cotterets

Guery, rue du Marché.
Damy, petite rue de Soissons.
Gary.

---

## ALLIER

### Moulins

Audiat, rue du Pont.
Baillon, rue St-Gilles.
Beaujard, rue Saint-Martin.
Berthier, rue Saint-Pierre.
Boiron, rue de Bourgogne.
Boucaud, rue Wagram, 3.
Bourdais (Pierre), place de
  l'Allier.
Buvat, rue de Paris.
Fournet, rue des Couteliers 1.
Gandolin, place de l'Horloge.
Giraudet, cours Berul, 10.
Montret, rue Bourgogne.
Murat (Mme), place de l'Allier.
Philibert, place de l'Allier.
Radan, rue de Bourgogne.
Ratinier, place de l'Horloge.
Roby, rue des Carmes.
Sauvage, rue du Pont.

### Ancelle

Maître.

### Commentry

Tourette, rue de la Mine.

### Cusset

Gauthier, place d'Armes.

### Gannat

Champagnat, rue Notre-Dame
Marcoux, Grande-Rue.

### Muriel

Gernier.

### Montluçon

Bonnin, rue Fontaine-N.-D.
Joye, aîné, rue des Cordeliers
Joye jeune, rue Saint-Pierre.
Lapaire, Grande-Rue.
Montluçon, Grande-Rue, 48.
Neveu, Grande-Rue.
Pouchols (Ve), faub. St-Pierre

### St-Germain-les-Fossés

Triconville.

### Saint-Pourçain

Bourgougnon, rue Bas-de-
Changes.
Bransat, faubourg Pallois.
Déléage, place du Marché.
Grenier, rue du Pont.
Lavignon, rue du Marché.
Roy, place des Oignons.
Sauvage, place du Calvaire.
Sauvage, rue Basse-Gravière.

### Vichy

Cote, rue de Paris.
Décembre, aux Quatre-Chem.
Gauthier, rue Lucas.
Imbert, rue de Nimes.
Lamouroux, rue de l'Hôpital.
Leblanc, rue de Nimes, 3.
Mazilier, aux Quatre-Chemins
Méchin, rue Rouher.
Roche, rue de Paris.
Weis, rue Burnol.

## ALPES (BASSES-)

### Digne

Bouteiller, cours Belzunce.
Jacquemus, cours Belzunce.
Jiraud, rue de Provence.
Louze, cours Belzunce.
Ripert, rue de Lubac.
Sicart, cours Belzunce.

## ALPES (HAUTES-)

### Gap

Baudouin, rue Neuve.
Guérin, Grande-Rue.
Les Bros, place Saint-Etienne
Pellegrin, rue Neuve.
Rava, rue Neuve.

## ALPES-MARITIMES

### Nice

Allard, quai St-Jean-Baptiste.
Cléricy, boulevard du Pont-
Neuf, 16.
Fontesso, b. Pont-Vieux.
Ferrand, rue Saint-François-
de-Paul.
Giraud, rue Masséna, 30.
Lambert, rue Masséna.
Macary, rue Saint-François-
de-Paule.
Méchin.
Muratori, avenue du Prince-
Impérial.
Rouvre, place Masséna.
Stanislas, rue Masséna.
Swinder, rue Charles-Albert.
Taffe aîné, rue du Pont-Neuf.
Taffe jeune, place Charles-Al-
bert.
Vial, rue du Pont-Neuf.

### Antibes

Gazielli.
Placide.

### Cannes.

Cresp.
Dudon.
Roustan, sur le port.

### Grasse.

Bompart.
Carlin.
Hugue.
Laugier.
Masson.
Maurin.
Nicolas (François).
Sicard.

### Monaco.

Barral (Gaëtan).

---

## ARDÈCHE

### Privas.

Blanc, Grande-Rue.
Bouchet.
D'Orne, cours du Palais.
Nicolas.
Tranchas, rue Porte-Neuve.

### Annonay.

Garcin.
Girard.

### Aubenas.

Aymard, Grande-Rue.
Colomb, place de l'Hôtel-de-
   Ville.
Lacroix, place des Marrons.
Mazelier, Grande-Rue.
Terris.

### Flaviac.

Bauzon (Hippolyte).

### Joyeuse

Vaschold, place de la Pagne.

### Serrières.

Dutal.

### Tournon

Fraissinet.

---

Lenoir.
Merrard.
Perrier.

### Vivier.

Comte, Grande-Rue.
Regard, Grande-Rue.

---

## ARDENNES

### Sedan.

André, rue de l'Horloge.
Boucheret, rue de l'Église.
Licury, rue Napoléon.
Lassance, rue du Ménil, 19.
Lavigne, rue de la Comédie.
Némery, rue de l'Horloge.
Pierlot, rue du Rivage.

### Charleville

Bertrand.
Bheme.
Philippe.
Varin.

### Étain

Aolemiche.

### Mézières.

Bachart.
Charbonnier, r. Pt.-d'Arche, 18

### Vouziers.

Jeannot, rue de Reims.
Weuillemart (Eugène.)

---

## ARIÉGE

### Foix.

Dubernad, près le pont.
Dousse.
Eychène.
Figarol (neveu).
Hippolyte.

### Maz-d'Azil.

Pons.

### Mirepoix.

Teulié-Madron.

### Pamiers

Cochin (Bernard).
Combet.
Reccord jeune.
Réccord (Jules).
Rouzaud.

### Saint-Girons

Peyrevidal.
Rolland.
Tariol.

---

## AUBE

### Troyes

Albert Poureaux, Gr-Tanne-
rie.
Armand, rue de l'Hôtel-de-
Ville, 60.
Bertrand, place de la Bonne-
terie, 34.
Bodier, rue du Temple, 9.
Boissier, rue de la Cité, 20.
Brunet et Pierre, rue de la
Banque.
Clément, rue de la Cité, 107.
Frison, rue de l'Hôtel-de-
Ville.
Fury, r. Gr.-Tannerie, 58.
Gelin, place de la Bonnete-
rie, 16.
Manigray, faub. Croncels, 19.
Milon, faub. Ste-Savine, 21.
Nollot. rue de la Monnaie, 3.
Parisel, rue Dauphine, 39.
Peroux, rue de l'Hôtel-de-
Ville.
Renaud, rue des Quinze-
Vingts, 29.
Souillard, rue Forbin.
Strub, rue du Bois, 56.
Vidal-Feuchot, r. Notre-Dame.

### Arcis-sur-Aube

Delaune.
Féry, place de l'Église.
Thiéblement.

### Bar-sur-Aube

Berthauld, rue Notre-Dame, 3.
Chapelin, r. Notre-Dame.
Lange, rue Saint-Michel.
Thiéblement, rue Saint-Mi-
chel, 56.
Vidal, place de l'Hôtel-de-
Ville.

### Bar-sur-Seine

Arnoux, Grande-Rue.
Gagneux-Loiselet.

### Nogent-sur-Seine

Lechat fils.
Paquetet.

### Brienne

Depoix.
Lautelet père.
Lautelet fils, rue de l'Etape.
Quentin.

### Romilly

Poncy, place de l'Église.

### Vandeuvre

Chariot.

### Villeneau

Massé-Jossot.

---

## AUDE

### Carcassonne

Anaclet, rue des Carmes.
Bataille.
Crestia, place aux Herbes.
Esquirol.
Gabelle, grande rue Napoléon.
Gauzon.
Gleize.
Loup (François),
Rivière Mas, br. place aux
Herbes.

### Azille.

Treil (Clément).

### Castelnaudary.

Maurette père.
Maurette (Hippolyte).

### Limoux.

Mas, rue de la Mairie.

### Narbonne.

Moyer.
Tarbouriech.

### Sigean.

Gauffrès.

---

# AVEYRON

### Rodez.

Astorg, rue du Terral.
Carcuat, au Faubourg.
Fabre, rue du Toit.
Ferdinand Four, place de la Cité.
Guery, place du Palais, 29.
Malatère, place de la Cité.
Massol, rue Saint-Amand.
Roustaboul, place Lommete.
Sansac, rue Saint-Just.
Theron, rue du Terral.
Thiers, place de la Cité.

### Decazeville.

Jalleau.
Mirail.

### Milhau.

Buscarlet, sur la Place.
Martin, place Mandarouse.

### Saint-Affrique.

Courdery, rue de la Bienveillance.
Fourcand, rue de Griffoul.
Pallier, rue Airo-Notre-Dame.

Requis, place Saint-Roch.
Roustant, rue de la Sécurité.

### Saint-Come.

Gaudillat. .
Ligerat.
Lemonier.

### Villefranche.

Badnel,
Duclos.
Vergnes.

---

# BOUCHES-DU-RHONE

### Marseille.

Aubanel. rue de la Darce, 18.
Aubanel, r. du V.-Chem.-de-R.
Armando, rue St-Ferréol, 11.
Barlatier, rue Halle-Puget, 1.
Barry, rue Sainte, 169.
Baud, place des Augustins, 2.
Besson, allée des Capucines, 51
Besson, rue Pavillon, 2.
Bied, rue de la Darse, 1.
Blanc, rue Sainte-Ferréol, 42.
Bonnet, rue Paradis, 36.
Bonnet, rue Paradis, 25.
Bourepos, rue Beauveau, 9.
Borel (aîné), c. Belzunce, 10.
Borel, cours Belzunce, 41.
Bouquet, rue Torte, 2.
Breil, rue Paradis, 83.
Brunot, Grande-Rue, 80.
Buard, rue de Rome, 78.
Buisson, rue Beauveau, 7.
Cabanon, (Ve), rue Molière. 8.
Cadenot, rue Pavillon, 23.
Calves, r. du Jeune Anacharsis
Canquoin, r. Saint-Ferréol, 7.
Carbonetto, rue d'Aubagne, 8.
Castino, rue de Rome, 145.
Cavaillon, cours Belzunce, 4.
Dazy, rue Beauveau, 6.
Dolbeau et Mazet, r. Noailles, 3.
Domergue, rue de Noailles, 28

Dubec, rue pe Noailles, 11.
Duraud, rue Paradis, 89.
Ellyassin, rue Daubagne, 44.
Frayssinhes, rue Vacon, 24.
Felgeirolle, m. des Capucins, 7
Féraud, rue d'Isoard, 26.
Gavet, r. Théâtre-Français, 2.
Granjean, rue Paradis, 53.
Grisolles, cours Belzunce, 2.
Guillon, boul. de la Liberté, 34.
Henry, rue Saint-Ferréol, 80.
Honoré (veuve), pl. Royale, 9.
Hugues, cours Belzunce.
Issaurat, rue Sainte 6.
Jany, cours Bonaparte, 22.
Labattu, r. du J.-Anacharsis.
Lacombe, cours Belzunce, 43.
Lancan, rue Trubaneau, 13.
Lauchier, rue Rouvière, 14.
Laurent, rué Pavillon, 11.
Lazare, boul. des Dames, 6.
Lion, boulevard du Nord.
Manderout, boul. de Paris, 47
Martin, rue de la Darce, 22.
Martin, boul. Dugommier, 16.
Maunier, boul. Dugommier, 2.
Moutté, rue d'Albertas, 2.
Mul, rue des Minimes, 6.
Mussot, rue Sainte-Anne, 5.
Natte, rue de l'Évêché, 12.
Panaget, boul. Longchamps, 23
Pécoul, rue des Minimes, 45.
Pelore, rue Vacon, 48.
Pisano, rue Beaumont, 3.
Queirel, rue Tapis-Vert, 48.
Querelle, rue de la Darse, 21.
Rebufat, rue Thiars, 8,
Regord, rue Cannebière, 35.
Reynier, rue Vacon, 53.
Ribero, cours du Chapitre, 6.
Robet, rue Grignan, 48.
Roland, rue Cannebière, 11.
Ruelle et Pagès, r. de l'Arbre, 3.
Ruffy, boulevard du Musée.
Sarda, rue Paradis, 27.
Sauvan, rue du Tapis-Vert, 53.
Soupé, boul. de la Madeleine, 2.

Thuveny, allée de Meillan, 44.
Truphème, rue Vacon, 15.
Vaillant, allée de Meillan, 28.
Veyrune, rue Paradis, 39.
Villeneuve, r. des P.-Pères, 35.

### Aix

Forment,
Gilles, place de l'Université.
Girard, rue Pont-Moreaux.
Giraud.
Izouard, rue Pont-Moreaux.
Long, sur le Cours.
Martin.
Pigman, place de Prêcheurs.
Rozier.

### Arles

Anty, place de la Poissonnerie.
Croin, place des Hommes.
Chambot, près la prison.
Didier.
Labrouste.
Lombard.

### La Ciotat

Aimé, rue du Petit-Puits.
Blanc (Louis), rue Ganteaume
Braconnier, sur le quai.
Braconnier (Ant.), sur le quai.
Histre, Ganteaume.
Lairt, à l'Escalet.
Ricaud, rue de l'Horloge.

### Tarascon.

Barthélemy.
Cambit.
Félix.

---

# CALVADOS

### Caen

Albert, rue Saint-Martin.
Anatole, rue Sain-Jean.
Angot, rue de Vancelles.
Bazin, rue Saint-Jean.

Bazourdy, rue Vaucelles.
Bourrey, passage Bellivet.
Broutchoux, passage Bellivet.
Charles, rue Notre-Dame.
Chauve, rue des Chanoines.
Clairet, rue de Bras.
David, rue Notre-Dame.
Duboscq, boul. d'Angleterre.
Duros, place Royale.
Debernière, pl. Poissonnerie.
Eude, pl. de la Poissonnerie.
Francis (Marie), pl. Royale, 1
Gorges, rue aux Canus.
Goulard, rue Notre-Dame.
Goussair, rue Saint-Jean.
Hippolyte (D.), rue St-Jean.
Jailliet, rue des Jacobins.
Lechesne, rue Saint-Jean.
Lechevallier, rue Saint-Jean.
Leclercq, place Saint-Pierre.
Lecomte, rue Saint-Sauveur.
Leprieur, rue Saint-Jean.
Letestu, rue Montoir.
Maillard, rue Saint-Sauveur.
Millière, rue Froide.
Nalley, rue Pegmagnie.
Poulain, rue aux Canus.
Sabino (E.), r. N.-Dame, 81.
Yon, rue de Vaucelles.

### Bayeux

Lefrançois, rue Saint-Martin.
Naltet, rue Saint-Malo.
Thérin, rue Saint-Martin.

### Blangy

Eugène Dubois.
Nicolas.

### Cabourg-les-Bains

Guyot, rue de Dives.

### Condé-sur-Noireau

Aumont, rue Saint-Martin.
Gognon, pl. Dumont-Durville.
Lerebours, rue du Vieux-Château.

### Dives

Moulin, rue du Marché.
Penel, rue du Marché.

### Falaise

Bertrand, rue de la Pelleterie.
Fromm, rue d'Argenton.
Gallet, rue de la Trinité.
Guille (Nestor).
Lebourgeois, rue St-François.
Richard, rue Grande-Trinité.

### Honfleur

Flambard, quai Ste-Catherine.
Legoux.
Levavasseur.
Petit, rue Haute.
Royer, rue du Dauphin.
Tessier, quai Ste-Catherine.

### Isigny

Leboucher (Victor).

### Lisieux

Auber, rue de Paris.
Ambroise, porte d'Orbec.
Augé, rue Pont-Mortain.
Bernouy, porte de Paris.
Bertin, pont de Caen.
Crevel, pl. du M.-aux-Bœufs.
Isabel, pl. du M.-aux-Bœufs.
Lépine, Grande-Rue, 94.
Levasseur, r. du M.-aux-Bœufs
Sulpice, Grande-Rue.
Vaugrenon.
Vicq, rue Pont-Mortain.

### Livarot

Barette.
Jacquette.

### Orbec

Dirlande.
Gervais.
Motte.

### Pont-l'Évêque

Callard, Grande-Rue.
Groult, hôtel du Bras-d'Or.
Paris, rue du Jeûne.

### Saint-Pierre-sur-Dives

Laisné, place du Marché.
Vaudoré, Grande-Rue.

### Trouville

Christian (Al.), r. des Bains, 68.
Dreux (Charles).
Lhomme, quai Tostain.
Lorme, quai Joinville.

### Vire

Connieaux, rue du Calvados.
Potier, pl. de l'Hôtel-de-Ville.

---

# CANTAL

### Aurillac

Castanier, champ de Foire.
Chaullé, rue Neuve.
Conio, rue Saulnerie.
Cottou, rue des Trois-Frères.
Courchinoux, r. d'Eauringues.
Lapergue, r. des Trois-Frères.
Rideau, champ de Foire.

---

# CHARENTE

### Angoulême

Aupetit, rue de la Gare.
Bodet, rue de la Gare.
Brun, rue de Genève.
Catala, rue de la Gare.
Chevalier aîné, rue d'Arcole.
Clochard, rue du Mûrier.
Cogean, rue de Lhoumot.
Cognet, rue de Genève.
Cotte, rue Saint-Auzanne.
Delerme, rue Saint-Martial.

Devige, rue de l'Eperon.
Dumergue, place de l'Eperon.
Dupont, rue de Lhoumot.
Dupuy, place du Marché.
Duvigneau, rue de Beaulieu.
Estève, rue Saint-Auzanne.
Félipot, rue des Trois-N.-D.
Fradet, rue de Périgueux.
Frémont, rue Tison-d'Argence.
Garnot, rue Tison-d'Argence.
Garigue, rue Cloche-Verte,
    coiffeur du théâtre.
Gilet, place de l'Eperon.
Goursat, rue Saint-Auzanne.
Maximin, rue Saint-Martial.
Petiot, rue de Périgueux.
Rossignou, r. de Périgueux.
Rullier, pl. de l'Hôtel-de-Ville.
Ruloff et Jamin, r. Tison-d'Ar-
    gence.
Souffrain, rue de Périgueux.
Suraud, place du Palais.
Thomas, rue de Paris.
Valadon, rue de l'Arsenal.

### Barbezieux

Bouchaut.
Giet.
Mondon.

### Blanzac

Delerme, Grande-Rue.
Ribet.

### Châteauneuf

Combeau, rue du Palais.
Jiet, place du Palais.
Rache, Grande-Rue.

### Cognac

Bordes.
Brun.
Cazemajou.
David.
Lagarde.
Maureau.

Massey.
Nouby.
Tuhaud.

### Confolens

Dufour.
Duvergne (Louis).

### Jarnac

Charassier.
Thomas.

### Larochefoucauld

Desage fils, Grande-Rue.
Flatreau, rue des Halles.
Miette, Grande-Rue.
Morneaud, Grande-Rue.

### Mansles

Figaro.
Fougeroux.

### Montmoreau

Brunaud.

### Ruffec.

Boizard.
Dulac, rue de Valence.
Queron.

### Saint-Estèphe

Layai.

---

# CHARENTE-INFÉR.

### La Rochelle

Benoît, rue de Cordouan.
Bergeon, rue des Syrènes, 8.
Bireau, rue du Palais.
Boiry, rue des Merciers.
Boissinot, rue Porte-Royao.
Bouché, quai du Valin.
Chatenet, rue du Palais.
Clert, rue du Paais, 8.
Cordier, place du Marché.
Grapard, rue de La Ferté, 3.
Goméocq, rue des Bouchers.
Drébot, rue du Palais.
Laboissière, rue Saint-Yon.

Lemasle, rue des 3 Marteaux.
Miramon, cours Richard.
Molié, rue des Bouchers.
Maugenet, rue des 3 Marteaux.
Moulin, rue du Port.
Nourri, rue du Palais.
Perrotin, rue des 3 Marteaux.
Poisson, rue du Palais.
Preux, rue du Minage.
Sagot, rue des Bouchers.
St-Aubin, r. Pas-du-Minage.
Sarrazin, rue du Temple.
Sauvaget, rue Chandrier.
Sauvaget (Léon), quai Dupéró.
Thomas, place de la Caille.

### Cozes.

Bonneton.

### Jonzac.

Borde.
Fraisneau.
Larrieux.
Mocquet.
Ozeno.
Souvaistre.

### Tremblade (la).

Meaud.

### Marans.

Girard.
Savary.

### Marennes.

H. Arnait.

### Pons.

Aguir.
Cassemajou.
Dupont.
Thèse.

### Rochefort.

Andron, rue Saint-Louis.
Berton, rue Martrou.
Bouffeuil, rue des Fonderies.
Blanchard, rue des Fonderies.

Baudier, Grande-Rue.
Bouvier, Grande-Rue, 28.
Brossard, rue Martrou.
Campistrou, Grande-Rue.
Changeard, Grande-Rue.
Dandignac, rue Martrou.
Desmont, rue des Fonderies.
Dufour, rue Saint-Pierre, 32.
Gorjut, rue Saint-Charles.
Grasin, rue Saint-Pierre.
Hachette, rue St-Charles.
Jullineau, rue Martrou.
Kielwasser, rue St-Charles.
Morvent, rue des Fonderies.
Neaud, rue des Fonderies.
Pavajeau, rue Saint-Charles.
Penot, rue Martrou.
Rochet, rue Davirier.
Rondeau, Grande-Rue.
Thirat, rue Duchêne.
Viger, rue Saint-Paul.
Vigier, port de Commerce.
Vinet, rue Saint-Pierre, 32.

### Royan.

Biret.
Bondon, Grande-Rue.
Courtesolle (Vict.), pl. du Port.
Dugas.
Lantonoir.
Trut, Grande-Rue.

### Saintes.

Bergès, cours Impérial.
Bernard.
Bisseul.
Bondon, cours Impérial.
Lanigne.
Massé, cours Impérial.
Poitevin.
Ribereaud, cours Impérial, 45.

### Saint-Jean-d'Angély.

Arcouet, rue Matha.
Arcouet fils, r. de l'Horloge.
Aubin, place du Marché.

Chabanne, faub. Taillebourg.
Chaine, rue de la Mairie.
Defreuche, canton des Forges.
Lachet, place Duminage.
Lehou, *artiste en cheveux*.
Marsais.
Olivier, rue des Jacobins.
Sureau, faubourg Matha.
Thoreau, faubourg Taillebourg
Védi.

### Saint-Porchaire.

Hilleret.

### Saint-Sévignen.

Billotte.

### Surgères.

Chasseriau.
Martin.
Saulignac.

### Tonnay.

Bouquille.
Fauché.
Nicolas.
Robert.

---

# CHER

### Bourges.

Amathieu, rue des Arennes.
Bidault, rue d'Auron, 10.
Chausset, rue des 4 Piliers, 7.
Gebelin, rue Porte-Neuve, 5.
Naudin, place de Palleroi.
Parnageon, r. Bourbonoux, 9.
Renvoyez, rue St-Ambroise, 2.

### Saint-Amand.

Leduc-Allez, r. Nationale, 12.
Daniel, rue de Limoges.
Deminitrous, rue Nationale.

**Vierzon.**

Baron, place d'Armes.
Garnier (L.), rue Neuve.
Leroy, rue Neuve, 9.
Vacher, rue Neuve, 28.

# CORRÈZE
## Tulle.

Rounoure, sur le quai.
Bousquet, place Municipale.
Constant, faub. St-Jacques.
Dubé-Jarty, place de la Cathédrale.
Michu, rue Dutrech.
Roussary, Petite-Place.
Vauzange et Vareille, s. le quai.

### Brives.

Belonne, rue des Sœurs.
Delord, place de la Mairie.
Goulmy, rue des Frères.
Goulmy jeune, r. des Frères.
Lachaize, porte Corrèze.
Lachaize, rue Puy-Blanc.
Maimage, rue Puy-Blanc.
Meijonade, rue Toulzac.

### Ussel.

Dozenac.
Eyboulet.
Mallaval.

# COTE-D'OR
## Dijon.

Bailly, rue Saint-Nicolas.
Barré, rue Charrue.
Beaudoin, rue Jeannin.
Belfin, rue Bassano.
Bizouard, place d'Armes.
Boudier, rue Saint-Berbisez.
Bouilly, place Saint-Michel.
Boullée, place Morimont.
Bouvret, porte Saint-Nicolas.
Boyer, rue Guillaume.
Chauve, rue Vaillant.

Coldre aîné, rue Guillaume.
Coldre jeune, rue Bassano.
Dalloz, petite rue Dauphine.
Degron, place Saint-Etienne
Fourrier, rue Porte-Douche.
Frélozeau, rue Condé, 38.
Louis, rue Jeannin, 22.
Guérin, porte Saint-Pierre.
Guilleminot, r. de la Préfecture
Lacour, rue Guillaume.
Magot, rue Saint-Philibert.
Matrat, rue Piron.
Martenot, rue Porte-Douche.
Mercier, rue Rameau, 20.
Miroit, rue Saint-Nicolas.
Pavaillon, porte Saint-Pierre.
Payen, porte Saint-Pierre.
Petot, rue des Godrans.
Poissonnier, rue Guillaume.
Rigaut, porte Saint-Nicolas.
Rougeot, rue Musette, 24.
Thevenot, rue Guillaume, 38.
Thiery, rue des Godrans.
Thomas, place Saint-Jean, 3.

### Auxonne.

Censey, rue de la Faillite.
Meunier.
Rousset, rue de la Faillite.

### Beaune.

Bailly, rue Saint-Pierre.
Bernard.
Boussat.
Fleury.
Fachet.
Gabureau.
Gauthey.
Pierrot.
Roumier, place St-Pierre.

### Montbard.

Garnie.
Guénerait-Luc.

### Nuits.

Chazelette.
Marquet.

### Saulieu.

Bouliot, rue du Marché.
Garnier.
Laurin, rue du Marché.
Personne, rue Notre-Dame.

### Semur.

Beaupoil, rue de l'Ancienne-
Comédie.
Cavreau.
Fevret.
Garnier, place Notre-Dame.
Jacob, rue Buffon.

### Seurre.

Briant.

---

# COTES-DU-NORD

### Saint-Brieuc.

Hervez, rue St-Gilles, 1.
Fayou, rue St-Gueno.
Guezenec, rue St-Guillaume.
Lamon, rue de la S.-Préfec-
ture, 4.
Renoud, place du Martroy.

### Dinan.

Dubois, porte de Brest.
Pimor.

### Guincamp.

Guezenec.
Melo.

### Lannion.

Beaumanoir.
Quesseveur.

### Palmpol.

Guezenec.

---

# CREUZE

### Guéret.

Chenet.
Lacugne.
Rivet, place du marché.
Sarciron fils, Grande-Rue, 1.
Thomasson, place Bonniot.

### Ambusson

Rousseau (Elie).
Bonardet, Grande-Rue.

### Boussac.

Beaudon, Grande-Rue.

### Souterraine (la).

Coulon, rue de Lavant, 3.
Duché fils.
Mezou.

---

# DORDOGNE

### Périgueux.

Audoin, cours Fénelon.
Barrier, place Bugeaud.
Clemens.
Combesco.
Constant, rue des Cordeliers.
Frappin, place de la Cloutre.
Gauthier, place de la Mairie.
Lavaud (Vve), pl. de l'Hôtel-
de-Ville.
Lavaud, rue Magne.
Lestrade, pl. Bugeaud.
Marcos.
Mespoulède, place Codère.
Reynaud.
Richard, place Bugeaud.
Lissendeau, rue Tailfer.
Vigier-Lafosse, p. du Théâtre.

### Bergerac.

Ambier, place du Marché.
Bouché, rue St-Esprit.
Caminade, rue du Mourrier.
Clédou.
Fauché, rue Neuve-d'Aragon.
Firaudel, Grande-Rue.
Laplagne.
Lobau, rue des Fontaines.
Lusignan, r. Neuve-d'Aragon.
Mestural, r. Neuve-d'Aragon.
Peyrichou.
Rebinguet.
Repassin, rue Neuve.

### Excideuil.

Dubost.
Queroy, rue des Cordeliers.

### Marcuil-sur-Belle.

Nadal (Silvestre).

### Mussidan.

Aubignac.
Devaur.
Devise.
Louit.

### Nontron.

Charpateau.
Loreaud.
Pénot.

### Ribérac.

Dufour.
Laurent.
Mazorg.

### Saint-Memin.

Delair.
Gardet.
Mazelaygue.
Redon.
Redon (Louis).
Vidal.

---

# DOUBS

### Besançon.

Anglade, rue Battan.
Arnaud, rue du Château.
Aubert, Grande-Rue.
Bardy, Grande-Rue, 86.
Besançon, place Labourée.
Buzon, rue des Granges.
Chevaidel, Grande-Rue, 187.
Coullon, rue St-Pierre.
Coitteux, rue Moncey.
Fondet, rue St-Pierre.
Girard, rue de l'Arène.
Grillot, rue de la Madeleine.
Jeantot, rue Battan, 25.
Legrand, rue Battan.
Lemuhot, place Saint-Pierre.
Lamy, rue du Château.

Maire, rue des Chambrettes.
Marquis, Grande-Rue, 101.
Martel, rue des Granges.
Martin, rue Battan.
Masson, Grande-Rue, 37.
Outhier (Charles), Grande-Rue
Royer, rue la Madeleine.
Tisserand, r. Mont-Ste-Marie.

### Montbéliard.

Frossard (Fr.), rue de l'Eglise.
Jarrige, r. de la S.-Préfecture.

### Pontarlier.

Giroud père.
Giroud fils.

---

# DROME
### Valence.

Bouvaret, rue Neuve.
Caffereau, rue Neuve.
Changeat, rue Sur-le-Cagnard.
Charrière, faubourg Saunière.
Debeau, rue Saint-Félix.
Flavien, rue Saunière.
Gontard, place Napoléon.
Magnet, rue Neuve, 32.
Montassu, rue Saint-Félix.
Mortal, rue Saint-Félix.
Millan, rue Saunière.
Peillon, rue de la Gare.
Revol, rue Saint-Félix.
Sauzet, Grande-Rue.

### Die.

Allibert, Grande-Rue.
Chambon (fils), pl. de l'Horloge
Berthos, Grande-Rue.
Monneaux, Grande-Rue.
Lonfray, rue de Larmerlerie.

### Montélimar.

Balbon, Grande-Rue.
Barnier, Grande-Rue.
Bernard, Grande-Rue.
Chastan, rue Roserie.
Clément, Grande-Rue.
Daumas, Grande-Rue.

Frédier, rue de Fust.
Imberton, rue Puissentour.
Lafont, r du Jeu-de-Paume.
Laurent, rue du Fust.
Reboul, Grande-Rue.
Roury, Grande-Rue.
Veille, Grande-Rue.
Vernet fils, rue Puissentour.
Ville, rue Ste-Croix.

### Roman.

Legrand, Grande-Place.
Martin, rue Lobet.
Mortal, Grande-Place.
Mouret, faub. Jacquemard.
Richaud, faubourg Jacques.
Sibert, place Jacquemard.

### Tain.

Chirouze.
Monnet.
Peret.

---

# EURE

### Évreux.

Bouland, rue du Lycée.
Charton, rue Chartrain, 60.
Dareux.
Dubus, rue Joséphine.
Frémanger.
Laprêté.
Levieux, rue de la Préfecture.
Noé, Grande-Rue, 39.
Pessel, rue de l'Horloge, 6.

### Bernay.

Augé, rue du Pont-Ravet.
Bisson (Fr.), r. du Pont-Ravet.
Chann, Grande-Rue.
Hazard.
Joret, Grande-Rue.
Théodore, rue des Charret.
Vallé, rue de Paris.

### Conches.

Decas.
Letailleur.

### Étrepagny.

Lemoine.

### Gaillon.

Criquebeuf-Jaquelin, Gr.-Rue.
Diestçhe.
Martin, Grande-Rue.

### Gisors.

Grosjean, rue Chappeville.
Le Tailleur, Grande-Rue, 72.
Lesueur.

### Ivry-la-Bataille.

Duchat.
Gilbert-Lesec.

### Les Andelys.

Delacroix.
Duchatelle.
Jouhan.
Maquelin, rue du Bourg.

### Louviers.

Barthélemy Coggia, Gr.-Rue.
Bigat Félix, rue de Neub., 77.
Blob, rue de Neubourg.
Cuverville, Grande-Rue.
Dubourg, rue Saint-Jean.
Durand, rue de Laiterie, 6.
Florence, rue du Matraye.
Lamouroux, rue du Quai, 20.
Lefèfre, rue du Quai.
Letellier, rue aux Mouches.
Napoléon, rue du Pilori.
Papavoine, rue du Quai.
Romain, rue aux Mouches.
Ysabelle, Grande-Rue.

### Neubourg (le).

Babiche.
Lalanne.

### Nonancourt.

Duhaume, Grande-Rue.
Gendron.
Olivier.
Sébille, Grande-Rue.

### Pacy.

Larmurier.
Morel, Grande-Rue, 62.

### Pont-Audemer.

Bouette, rue du Mouton.

### Rugles.

Gauthier, place de l'Eglise.

### Saint-André-de-l'Eure

Binet, Grande-Rue.
Huvey, Grande-Rue.
Valentin, Grande-Rue.

### Tillières-sur-Havre.

Bachelet père, r. de Paris. 10.

### Vernon.

Blondel.
Crevel-Delord, place d'Armes.
Criquebeuf.
Dumont, Grande-Rue, 25.
Fosset, rue du Pont, 7.
Godard, Grande-Rue, 181.
Henault.
Lebas.
Marcisse, sur la place.

---

## EURE-ET-LOIRE

### Chartres.

Bertrand, rue de la Boucherie.
Bordier, rue des Changes, 51.
Brunot, rue Saint-Michel.
Coudray, rue du Bourg, 29.
Daubasse, rue du Soleil-d'Or.
Demasme, rue Sainte-Même.
Dreux, rue aux Fèves, 8.
Duroque et Michel, rue de la
    Tonnellerie.
Florent, rue Saint-Michel.
Joulin, place des Halles.
Mallet, rue Sainte-Même, 14.
Thalbot, rue Porte-Cendreuse.
Vaugeois, place des Epars, 12.
Vassor, r. Porte-Cendreuse, 5.
Viremendois, rue de la Pie.

### Auneau.

Dubost, place du Marché.

### Bonneval.

Dossiac.

### Châteaudun.

Fresne, rue Royale, 8.
Grange.
Sebire (Léon).
Sebire, Grande-Rue.
Villette, rue de la Source.
Villette, rue de Blois.

### Dreux.

Angenard, rue Parisis, 20.
Basset, Grande-Rue, 66.
Lepouzé, Grande-Rue, 37.

### Epernon.

Caribeaut.
Thibaut.

### Gallardon.

Boudet-Chevalier, sur la place.
Bouteillier.
Papavoine.

### Illiers.

Breton, rue de la Place.
Demaio, place Saint-Jacques.

### Maintenon.

Davoust.

### Nogent-le-Roi.

Basset.
Ollard.

### Nogent-le-Rotrou.

Blondeau.
Gatellier.
Lanquetin.
Mauduit.

---

## FINISTÈRE

### Quimper.

Charrier, rue des Fontaines.
Lamude, rue Kéron.
Lefloch, rue des Boucheries.

### Brest.

Antoine, rue de la Mairie.
Avérous, rue Charonnière, 16.
Brunet (Vve), rue St-Yves, 44.
Berthou, Grande-Rue.
Chassevent, rue de Siam.
Dufour, rue de Siam, 55.
Eloi-Gentil, r. Desguillon, 36.
Laliberté, rue de Siam.
Lartigue, Grande-Rue.
Leduc, rue Saint-Yves, 27.
Moncontié, rue de Siam.
Torqueau, Grande-Rue.

### Landerneau.

Charrier (Charles).

### Morlaix.

Gaubert père.
Legarlantézec.

---

# GARD
### Nîmes.

Allard, place de la Couronne.
Arnault aîné, boul. St-Antoine.
Beaudoin, r. de l'Horloge, 12.
Béchard, Grand-Cours.
Benoit, cours de la Comédie, 5.
Béranger, place St-Antoine.
Blanc, boul. des Calquières.
J. Blondeaux, boul. St Antoine
Bonijoly, place Bouquerie, 3.
Brun Numa, rue de l'Horloge.
Charles, boul. des Calquières.
Colomet, r. du Gr.-Cougent, 26
Daigue, boul. de la Comédie, 11
Domergue, Grand-Cours.
Ducros, boul. des Calquières.
Gire. boul. des Calquières.
Mauran, rue Guizot.
Rebufat, boul. des Calquières.
Rougeron, b. du Petit-Cours.
Roy, boul. des Calquières, 25.
Serreclare, pl. de la Comédie.
Srvan, rue Régale.
Teissier, Gd-Cours, 5, P. 203.
Théron, boul. Saint-Antoine.

### Aigues-Mortes.

Bourdiol (Pierre).
Chabart (Jean).
Dupont (Jean).
Dupont (Joseph).
Fabre (Jean-Joseph).
Montau.

### Alais.

Bernard, place Saint-Jean.
Crezessac, rue St-Vincent, 28.
Gary, rue Saint-Vincent.
Gary, r. de l'Hôtel-de-Ville, 9.
Justet, place Saint-Jean. 2.
Laval, Grande-Rue, 181.
Laussel, place Saint-Jean.
Martin, rue Hôtel-de-Ville.
Net, place Saint-Jean.
Pierredon, Grande-Rue.
Raffin, rue Vavejean.
Soulier, place Royale, 9.

### Anduze.

Corbeissac, rue Peyrolerie.
Laureire, rue Basse.
Maillier, au Luxembourg.
Martin, rue Basse.
Pierredon, rue Grefeuille.
Soullier. rue Neuve,
Villaret. place Saint-Etienne.

### Bagnols.

Castanier, rue des Prisons.
Coste, Grande-Rue.
Latard, Bourgneuf.
Bourg-Andéol, pl. Saint-Jean.

### Beaucaire.

Aubery (François).
Bouterin (Nicolas).
Girard (Ferdinand).
Lavio,
Saint-Martin.

### Pont-Saint-Esprit.

Almery, rue Marengo.
Fauconnier, rue de la Liberté.
Ladret, rue d'Orléans.
Martin, Grande-Rue.

### Saint-Ambroise

Arbousset, au boulevart.
Bouchard, chemin d'Uzes.
Chabassut, Grande-Rue.
Grimal. au Portalet.
Jaussaud, au boulevard.
Vernet, au boulevard.

### Saint-Gilles

Bellivier, (François).
Bonnefoy (Joseph).
Daudy (Achille).
Daudy (Jean-B.).
Delord (Frrnçois).
Delord (Louis).
Guillaume (Jean).
Roussillon (François).

### St-Hippolyte-du-Fort

Barral, à la Croix-Haute.
Cartezrac, à Cap-Ville.
Clauzel, rue Fondville.
Sabatier, rue des Cazernes.
Tarris, Grande-Rue.
Veyrune, rue Durand.

### Saint-Jean-du-Gard.

Julian, Grande-Rue.
Lapoule, chemin Neuf.
Mazauric, Grande-Rue.

### Sommières

Bancal, rue Taillade.
Boudoux, rue du Pont.
Castanier, rue Neuve.
Flamànt, rue du Pont.
Gaussen, rue du Pont.
Villepenta, rue du Pont.

### Uzès

Arlaud. b. du Grand-Cours.
Fontenieu, b. du Petit-Cours.
Jouvenel, b. de l'Esplanade.
Portal, boul. de l'Esplanade.

### Vauvert

Boisson (François).
Bouzanquet (Jean).
Brousseau (Jean).
Guillaume (Emile).

### Vigan

Cansel, rue de la Calade.
Dumas, place Dassas.
Guirand père et f., sur le quai.
Mandagout. sur le quai.
Martin, rue du Port.
Maneport, rue Trois-Pigeons.
Monna, rue des Barris.

---

# GARONNE (HAUTE-)

### Toulouse

Aressi, rue Riguebrels.
Aressi (Marcel), rue des Arts.
Aubert, allée Louis-Napoléon.
Augé, rue des Couteliers.
Baptiste, allée L.-Napoléon.
Baric, rue St-Antoine-du-T.
Bergit, rue St-Antoine-du-T.
Bernard-Conseil, r. Ste-Ursule
Besset, allée L.-Napoléon, 10.
Brazier, Grande-Rue.
Canteloup, r. des Polinaires, 38
Carles, rue la Trinité.
Carrió-Marrius, rue des Lois.
Carrère, place Lafayette.
Castagné, allée Louis-Nap., 3.
Chêne, rue Bonaparte.
Compans, rue des Lois.
Courapied, place Ste-Scarbe.
Cuve, rue Bachelier, 31.
Delmas, faub. St-Cyrien, 52.
Dirat, place Louis-Napoléon.
Dot (Paul), place du Capitole.
Dot (Emile), rue Louis-Nap.
Douau, rue des Arts.
Dubord, rue Louis-Napoléon.
Escabat, gr. r. St.-Michel, 125
Espert, rue de la Pomme.
Flottard, rue Pharaon, 22.
Fournier, rue Peyras, 25.
Galinier. place Rouaix.
Gillet, cours Napoléon.
Jacob, faub. Saint-Cyprien.
Jèze, rue de la Pomme.

Lacoste, r. de la Pomme, 12.
Laffargue, rue de l'Archevêché
Laurent, place Dupuy, 8.
Laurine, rue Matabiau.
Marcelot, rue des Chapeliers.
Mercadier, r. des Vieux-Raisins
Mesplé j., rue des Couteliers.
Mesplé aîné, rue de la Pomme.
Navarre, rue de la Pomme, 35.
Navarre fils, r. Croix-Baragon.
Peyrusse, rue Matabiau.
Peytou, boul. St-Aubin.
Plicy, rue Louis-Napoléon.
Pons, rue des Coqs-Dindes.
Pradel, rue des Balances.
Roustic, rue des Jardiniers, 49.
Simon, avenue de Lyon.
Sylvain, place des Carmes.

### Bagnères-de-Luchon

Dumas
Estradères père.
Estradères fils.

### Montrejeau

Abeille.
Cazeaux, rue du Bary.
Revol.

### Saint-Gobain

Baptiste.
Millet.

---

# GERS

### Auch

Baris, p. de la Halle-aux-Grains
Calmette, rue de la Route-
   Neuve.
Castera.
Carreau, place de la Mairie.
Doutre, r. de la Route-Neuve.
Ninous, place St-Pierre.
Peyrusse.
Risole, rue du Chemin-Droit.
Soulé, place d'Armes.
Tagean, place de la Mairie.

### Cazaubon

Bourret.

### Condom

Barat.
Brouste.
Filiol.
Lamie, place du Lyon-d'Or, 3.
Laurent.
Brun.

### Eauze

Massas.
Nux.

### Fleurance

Bousquet.

### Gondrin

Despas.

### Lectoure

Barbé.
Bartherote.
Ducasse.
Prady, aîné.

### Lombès

Larroque.
Manuel.

### Mirande

Gaurisse.

### Nogaro

Lubet (Victor).
Pandellé.

### Plaisance

Pandellé.

### Vic-Fezensac

Coulet, cours Napoléon, 168.
Lebé, rue Impériale.
Mothe, place du Commerce.

---

# GIRONDE

### Bordeaux

Alexandre (Mme), rue Sainte-
   Eugénie.

Albert, rue de la Monnaie, 16.
Alibert, rue Fondaudège, 6.
Amade, cours d'Albret, 34.
Amillac, rue Fondaudège, 37.
Andrieu, coiffeur du Grand-
   Théâtre, rue des Ayres, 72.
Andru, rue St-Jacques, 1.
Arrouch , rue du Palais-Ga-
   lien, 125.
Badèt, rue Sainte-Croix, 34.
Balmise , rue de l'Hôtel-de-
   Ville.
Barthélemy, pl.Dauphine, 45.
Bertrand, fos. de l'Intend., 3.
Bessières, pl de la Comédie, 3.
Bijou jeune, rue Dauphine, 8.
Bonneau, cours de Tournis, 84.
Bossuet, rue Bouffard, 33.
Billard, rue de Minimes, 20.
Bousquet (V.), c. Napoléon, 85
Cahuzac, fossés de l'Inten-
   dance, 35.
Carré, r. des Pil.-de-Tutelle.
Carroul, rue des Herbes.
Cartaud, rue Voltaire, 13.
Casamayor , rue Ste-Cathe-
   rine, 281.
Castaing, c. des Fossés, 146.
Castaing, q. des Salinières,42.
Cavalier, rue Notre-Dame, 48.
Cazeaux, r. Esprit-des-Lois, 25
Chamontin, r. de la Course, 48
Charles, rue St-Sernin, 20.
Charles, rue de la Fusterie, 43.
Chasserieux, rue Voltaire, 4.
Chaumeil, G.-Bordelaise, 16.
Cheyssac, rue Poste-du-Cail-
   lou, 3.
Chaulait, place St-Projet, 6.
Claverie, rue des Faures, 53.
Clair, quai de la Monnaie, 18.
Clochard, rue Ste-Croix, 42.
Comby, r. Esprit-des-Lois, 35.
Condat, r. Saint-Jacques, 121
Coulaud, rue des Menuts, 34.
Courty, rue des Minimes, 46.
Curini, rue d'Arès, 135.

Daniel fils, rue St-James, 55.
Darfeuille, cours de Tourny.
Daumas, r. de la Trésorerie,71
Déjean, c. du Trente-Juillet, 2
Déclus, rue Porte-Dijeaux, 36.
Delair, quai Bacalan, 37.
Devoir, r. Mich.-Montaigne, 4.
Dubarry, rue Billaudel.
Dubergey, c. Champion, 18.
Dubois, rue de la Chapelle-
   St-Jean, 1.
Dufau, rue St-Remy, 33.
Dufour, rue des Pil.-de-Tu-
   telle, 4.
Duguet (V.) et Gaillard, r. St-
   Pierre, 15.
Dupouey , fossés de l'Inten-
   dance, 18.
Dupouy, r. Ste-Catherine, 113
Dussarthou, rue des Trois-
   Conils, 36.
Duval, cours d'Albret, 5.
Fénélon, rue St-Pierre, 26.
Fenouillat, r. des Remparts,66
Ferron, rue Ste-Catherine, 72.
Fourcade, rue Vauban, 12.
Franc, rue de Bayonne, 38.
Galan, rue Notre-Dame, 110.
Gardahaut, rue Guyenne.
Gras, rue Ste-Catherine, 141.
Guipuy, quai Bourgogne, 38.
Guitard, chemin du Tondu, 20
Guithou, rue Ste-Catherine, 4.
Guittonneaux, fossés de l'In-
   tendance, 8.
Hubert aîné, all. de Tourny, 52
Huberi (V.), Gal. Bordelaise.
Hubert, rue Buffon.
Jamin, rue du Loup, 36.
Jourdan, rue de l'Evêché, 15.
Kielwasser, all des Noyers, 46
Lafaille, rue des Faussets, 3.
Lagardière, rue Durand, 39.
Lafargue, r. Porte-Dijeaux, 94.
Lataste, rue Emile-Pereire.
Lataste, cours St-Jean, 244.
Lavaud, rue Ste-Croix, 5.

Lavaud, cours St-André, 55.
Lemoine, r. des Boucheries, 5.
Lesfargues, rue Condillac, 77.
Lherbet, rue Judaïque, 28.
Livertoux, r. Porte-Dijeaux, 21
Lormand, rue Dauphine.
Loth, cours des Fossés, 8.
Lucas, rue Borie, 45.
Massé, rue Caussan, 41.
Maurence, place St-Pierre, 5.
Michaud, fossés du Chapeau-
    Rouge, 36.
Milon, r. de la Trésorerie, 107.
Morenne, place Mériadeck, 21.
Morin, rue de Lerme, 78.
Nazeyrolas, rue Sainte-Cathe-
    rine, 3.
Noel, cours St-Jean, 59.
Oline, rue d'Espagne, 18.
Petit, rue Huguerie, 21.
Peyrucq, rue St-François, 1.
Pezat. rue Ste-Catherine, 171.
Pigault, fossés de l'Inten-
    dance, 7.
Pontet, rue Porte-Dijeaux, 46.
Pujo, rue Mondenard, 54.
Rapin, allée d'Amour, 2.
Renane, q. des Chartrons, 38.
Rhaumer, rue Ste-Philomèle.
Richare, rue Notre-Dame, 80.
Seguin, rue Huguerie.
Suarez, rue du Saujon.
Tacher. r. du Palais-Galien, 53
Teulière, rue Ste-Croix, 37.
Teulière, rue St-Remi, 1.
Rhèze, place de Tourny, 1.
Thomas, rue Bouffard, 52.
Vasseur, r. Esprit-des-Lois, 22
Vidou, place Duburg, 7.

### Arcachon

Duboué.
Grenier.
Loude.
Plaisance.

### Barsac

Rechede (Philippe).

### Bastide (La)

Adrien Mouren, pl. Napoléon.
Auguste, quai de Queyries.
Bauffanis rue Calvimont.
Berdalle, rue de la Renauge.
Dereix, place de la Mairie.
Deschamps, pl. Napoléon, 16.
Géreaud, quai de Queyries.
Dhéritier, rue Durand.
Malet, avenue de Paris.
Maillot, quai Deschamp.
Pérou, place Napoléon.
Sarrabeyrousse, rue de la Re-
    nauge.
Théodore, avenue de Paris.

### Bazas

Arnaud, rue Bragousse.
Daney, rue Bragousse.
Dercq rue Fandespo.
Dulan, place Nationale.
Suchery, rue du Palas.

### Begle

Chapour.
Locombe.
Louis.

### Blaye

Doré.
Dupuys.
Ladtignac.
Mérillé.

### Bouscat (Le)

Andron.
Lherbet.

## Branne

Gerytey.
Touchet.

## Cachac

Martin.

## Castillon

Armandavy.
Maumey.
Menté.

## Grandignan

Duchaine.
Laporte.

## Langon

Auguste.
Béloc.
Léon.
Laint-Mars.
Virac.
Virac aîné.

## Lesparre

Cloubard.
Liparro.
Thierry.
Thierry fils.
Vigneau.

## Libourne

Antoine, place Decaze.
Bernard, rue Saint-Emilion.
Biès, rue Fonneuve.
Breuil, rue Saint-Emilion.
Crouzat, rue St-Emilion.
Dumont. rue de Périgueux.
J. Gallet, rue de Guitre.
Gauthier, route de Lyon.
Grolot, rue de Périgueux.
Lacoste, rue de la Judée.
Lalanne, rue St-Emilion.
Lapelleterie. rue de Guitres.
Martin, rue des Fontaines.
Mente, Grande-Rue.
Mocro fils, route de l'Europe.
Modet, rue de Périgueux.
Perès, place du Pont.
Perigau, place De Caze.

Peyraud, rue des Moulins.
Peyrat, rue St-Emilion.
Pezat, rue Montesquieu.
Pommier, place de la Verrerie
Ramb, rue Montequieu. 86.
Ricard, rue St-Thomas.
Richard, cours de Tourny.
Thomasson, rue St-Eutrope.
Viaud, rue Souchet.

## Lormont

Broca.
Lagane.
Lapeyssonie.

## Pauillac

Binaud.
Hilliau.
Renaud.
Solnier.

## Pessac

Phiall.
Valderrama.

## Réole (La)

Charasse.
Fleurr.
Guithon.
Jumet aîné.
Jumet jeune.
Rochereau.
Viaud.

## Saint-André-de-Cubzac

Cabar.
Peyron.

## Saint-Macaire

Mounissen.
Perrot.
Richard.

## Teste (La)

Calignal.
Dardenne.
Duboué.
Rouvès.

# HÉRAULT

## Montpellier

Avinens, place de la Comédie.
Aliber, place de là Préfecture, 5.
Baup, rue des Esquilles.
Bauthier, Grande-Rue.
Bauthier, rue Saint-Guilhem.
Boniface, place de la Comédie.
Bosc.
Castagnet, rue de l'Aiguillerie.
Dard, rue des Etuves.
Durand, r. de la Blanquerie.
Descouse, rue de l'Aiguillerie.
Farrouch (Charles), hôt. Nevet
Farrouch (Henri), Grande-Rue
Fonte, Grande-Rue.
Fabre, rue d'Alger.
Galot, rue St-Guilhem.
Cosseran, faub. de la Sonnerie.
Granier, faub. des Cultes.
Labireau, faub. de la Sonnerie.
Lacabane, f. de la Sonnerie.
Marcillac, Grande-Rue, 44.
Monsarat, rue des Balances.
Panafieu, boul. de la Comédie.
Pioch, boul. de la Comédie.
Querelle, place St-Côme.
Roch aîné, rue des Carmes.
Séguy (Vᶜ), rue des Etuves.
Villedieu, pl. des Capucins.

## Bédarieux

Bonnie.
Boursel.
Caldie.
Sérière.

## Béziers

Arvieu, place de la Citadelle.
Canac, place du Théâtre.
Charlemagne.
Fontaine.
Guiraud.

Jeanville, place Napoléon.
Jourdan,
Mauran.
Paulin.
Rainaud, rue Impériale, 4.
Terrassond.

## Cette

Arnaud, pl. de la Poissonnerie.
Bribes, rue de la Placette.
Cavalier, Grande-Rue.
Domerc (Eustache), r. de l'Hôtel-de-Ville.
Domerc (Vᵉ), q, de la Bordigue.
Frances, Grand-Chemin.
Gibert, rue de l'Esplanade.
Lanterie. quai du Nord.
Marquier, rue des Hôtes.
Martin, Grande-Rue, 45.
Maurice, Grande-Rue.
Pages, Grande-Rue, 56.
Palanque, rue de l'Esplanade.
Planchon, quai Inférieur.

## Clermont

Rouquet.

## Lodève

Azais, boul. des Caves.
Gabalda.
Laussol, boul. des Caves.
Lavagne, rue du Faubourg-des-Caves.
Martin, boul. des Récollets.
Vivier, boul. des Récollets.

## Lunel

Ducros, Grande-Rue.
Garnier, Grande-Rue.
Garonne, cours Valatois.
Monier, cours Valatois.
Pages, Grande-Rue.
Poitevin, cours Valatois.
Renard, r, de la Poissonnerie.
Verdier, cours Valatois.

**Pézénas**
Mettre-Antonius, r. St-Jean, 1.
**Saint-Pons**
Azaïs, Grande-Rue.

---

# ILLE-ET-VILAINE

### Rennes
Colleu, rue Bourbon.
Even, rue St-Georges, 26.
Fruva, place du Palais, 1.
Grenier, rue Chalet.
Guillard, rue de Nemours.
Hervé, place du Palais, 2.
Hista (Alexis), pl. du Palais, 9.
Maurin, rue du Chalet.
Ménard, rue du Lycée.
Rouault, rue aux Foulons.

### Fougères
Angleret, place du Brulis.
Denis, Grande-Rue, 15.
Paillard, rue Pinterie; 16.
Roussin, Grande-Rue.

### Redon
Chevrel, Grande-Rue.
Dréano, Grande-Rue.
Du Val.

### Saint-Malo
Barbe, rue des Cordiers.
Fartois.
Lenormand.
Naud, rue de Dinant.

### Vitré
Noël.
Roussin.

---

# INDRE

### Châteauroux
Auprince.
Barrault.

Dechatrette.
Deveaux. rue Rombardon.
Roux, place d'Orléans. 3.
Robert.
Sinet, place Bombardon.

### Argenton
Malesset.

### Buzançais
Beauchemin.
Bisson.

### Le Blanc
Gabard.

### Issoudun
Auprince aîné, pl. du Marché.
Bissot; Grande-Rue.
Delhomme, place du Marché.
Laumant, rue Porte-Neuve.

### La Châtre
Darchy-Leblanc, r. Impériale.
Jubard.
Robert.

### Mézières
Clichérot.
Paillison.
Gandon père.

---

# INDRE-ET-LOIRE

### Tours
Auvray, place du Palais-de-Justice, 7.
Boisramé, rue Royale. 48.
Briard, rue Royale, 74.
Bry, rue du Change, 3.
Bunet, rue Colbert, 25.
Chauvin, rue Colbert, 149.
Danvirais, rue Royale.
Delage, rue Constantine, 3.
Deslandes, r. Constantine, 7.
Duperré. rue Colbert, 73.
Elliot (Vᵉ), rue Saint-Eloi, 9.

Guibert, rue Colbert, 61.
Guiblain, rue de la Cellerie; 42.
Guillemardi, rue de l'Intendance, 39.
Guilleteau, rue de l'Intendance, 25.
Grieux, rue Royale, 24.
Lafon, place des Petites-Boucheries, 25.
Laurence, pl. Choiseul, 1.
Lefay (Jules). rue Royale, 52.
Lelong, rue de Chinon, 2.
Lhote, rue de Bordeaux, 29.
Maciasse (Jules), r. Chaude, 2.
Mandin, place du Grand-Marché, 50.
Ombert rue de Paris, 14.
Ombert, rue de Paris, 114.
Petit, rue du Change, 22.
Riberat, r. du Grand-Marché.
Taveau, rue Raguineau, 7.
Tessier, avenue Grammont, 9.

### Amboise

Guertault, rue Napoléon.
Malot.

### Blère

Gatineau.
Lamirault.
Martin.

### Châteaurenault

Genest.
Gilibert.
Jules.
Thillier.

### Chinon

Bluchaud faub. St-Jacques.
Gasnier, place Jeanne-d'Arc.
Massol, Grand-Rue.
Rafault, rue St-Etienne.

### Haye-Descartes (La)

Gondain.

### Langeais

Girard.
Hubert.
Thonin.

### Loches

Cocuau, rue de la Chapelle.
Dupont (V.), Grande-Rue, 49.
Guérin, rue Descartes.
Gouillaut-Bienvenu, Grande-Rue, 13.
Naulet.

### Richelieu

Berger (Charles)
Menant (Charles).

### Sainte-Maure

Bourgueil.
Fasou.

---

# ISÈRE

### Grenoble

Amédée, rue des Alpes.
Bernard, r. Fbg.-Très-Cloître.
Besnard, place Notre-Dame.
Belle, rue St-Laurent.
Berrard, rue du Palais
Bizeau, place Grenette.
Bois, Grande-Rue.
Bouchard, place Notre-Dame.
Boujard, rue Lesdiguières.
Carru, place aux Herbes.
Cerise (Jules), rue Montorge.
Chastelas, rue Bayard.
Comina. place Saint-André.
Combe, place Vaucanson.
Deschamps, place Vaucanson.
Delpech, rue Vaucanson.
Emmanuel, place du Marché.
Fontany, rue de France.
Frédéric Bonnet, r. St-Louis.
Garcin, rue Lesdiguières.
Gaude. rue de l'Hôpital.
Guillet, rue Chénoise.
Guigne, r. des Vieux-Jésuites.
Henry, rue Lafayette.

Jallud, rue Saint-Jacques.
Lafont, au Chalet des Alpes.
Matras, rue de Beaune.
Meyrant, rue Vaucanson.
Pagnon, rue Très-Cloître.
Paturel, rue Montorge.
Peronet, rue Montorge.
Tiondet, place Grenette.
Testout, rue Montorge.
Tramu, rue Perrolerie.
Taipier, r. des Vieux-Jésuites.
Trombac, r. passage Teullère.
Vachet, rue Saint-Jacques.

### Beaurepaire

Côte (Pierre).
Rabatel.

### Bourgoin

Dalmargue.
Piraud.

### Côte-Saint-André

Aiguiyard
Fouilloux.

### Pont-de-Beauvoisin

Chesson.
Renaud.

### Saint-Marcellin

Bourguignon.
Fayolles.
Legendre, Grande-Rue.

### Vienne

Achard, rue des Clercs, 7.
Antoine, cours Romestant.
Auzier, rue St-Martin.
Chaumartin, Grande-Rue.
Gaillard, rue des Clercs.
Girardin, rue Neuve.
Lescaut, place Futerie.
Martinet, place des Casernes.
Monnet, rue du Collége.
Pelletier, place St-Maurice.
Renaud, rue St-Martin.
Rouard, rue Neuve.
Rousset, r. des Quatre-Vents.
Rozier cadet, pont de Ger.

Rozier jeune, Grande-Rue.
Terret, pl. de l'Hôtel-de-Ville.

### Voiron

Bourdariat.
Cuchet, rue du Centre.
Robert, Grande-Rue.

---

# JURA

### Lons-le-Saunier

Bartholomay, rue Lafayette.
Eger, Grande-Place.
Dolas, sous les Arcades.
Guillemenet, Grande-Place.
Jacquoud, Grande-Place.
Kuentz, rue Désiré.
Mazaroz, rue Neuve.
Marotte, rue du Commerce.
Motte, rue du Commerce.

### Dôle

Bouilly, rue de Besançon.
Chevillot, Grande-Rue.
Georjon.
Girard, rue de Besançon.
Jacques, Grande-Rue.
Lebrun, rue des Arènes.
Messerey, rue des Arènes.
Pauly.
Pérot, rue des Arènes.
Perron.
Vrillotte, rue de Besançon.
Vuillermet, Grande-Rue.

### Poligny

Cara jeune, sur la Place.
Gardien, Grande-Rue.

### Salins

Cara, rue du Bourg-Dessus.
Duteuil, rue du Bourg-Dessus.
Mauras, rue du Bourg-Dessus.
Codet, rue du Bourg-Dessus.

# LANDES
### Mont-de-Marsan

Dupriez, rue du Commerce.
George, rue de l'Hôpital.
Lambert, rue St-Sévère.
Lapios, rue Dominique - de -
    Gourgues, 10.
Laterrade, rue St-Sévère.
Nalis, Grande-Rue.
Vence, rue de l'Hôpital.

### Dax

Chière, place de la Fontaine-
    Chaude.
Dubois.
Dussarthou, rue des Carmes.
Comencio, rue des Carmes.
Lévy, rue St-Pierre.
Surlanne, rue des Carmes.
Verlurgès, boul. St-Vincent.
Vergès fils, faub. St-Vincent.

### Gabaret

Bompat.
Laffargue.

### Roquefort

Germain.

### Saint-Sever-sur-l'Adour

Lanusse.
Montmase, rue Lafayette.

### Villeneuve-de-Marsan.

Puies.

---

# LOIR-ET-CHER

### Blois.

Chennechot, rue Porte-Char-
    trenne.
Chevalier, av. de St-Gervais.
Garnier, rue Porte-Côté, 5.
Gaud, faubourg de Vienne.
Gilbert, rue du Pont, 13.

Hilaire, rue Neuve, 9.
Leclerc, place Louis XII.
Luraghy, Grande-Rue, 22.
Termeau, rue des Trois-Mar-
    chands.

### Montrichard

Alix.
Richard.

### Romorantin

Desroches.

### Vendôme.

Blancharg, rue du Change.
Chambaud, rue du Change.
Fonteneau, faub. Chartreux.
Fouanier, rue Change, 56.
Porché, place d'Armes, 14.

---

# LOIRE

### Saint-Etienne.

Amblard, rue de Lodi.
Bardel, rue Royale, 7.
Blanc, rue Roannelle.
Bonnet, place aux Bœufs.
Boudon, rue de la Loire.
Boutirrin, rue Saint-Louis.
Bouvier, rue de Roanne.
Bressac, rue de Roanne.
Brosson, rue St-Roch.
Brussi, rue Marengo.
Chaumier, rue Saint-Louis.
Christophe, rue du Treuil.
Coinq, rue de la Comédie.
Collin, r. Saint-Jacques.
Debroas, place Marengo.
Dechelle, j., pl. du Marché.
Dechelle, rue de Foix.
Devun, rue de Foix.
Dufort, rue Saint-Louis.
Faure, rue Saint-Louis.
Lagne, rue Boulevard.

Gançon, place de l'Hôtel-de-Ville.
Martial, rue Neuve.
Martinet, pl. aux Bœufs.
Méri, place de l'Hôtel-de-Ville.
Meunier, à Saint-François.
Montagne, rue de la Ville.
Pain, rue Royale.
Pain, place de la Comédie.
Pergier, rue de la Loire.
Perroit, rue de la Paix.
Poyet, rue de Roanne.
Poyet, rue de Lyon.
Ramet, rue de Roanne.
Ratais, rue Tarantaise, 19.
Reveaux, place de la Croix.
Reynard, rue des Jardins.

### Montbrison.

Dumouton, rue Tupinerie.
Frédérique, rue Tupinerie.
Guillot, rue Tupinerie.
Laurent-Lubin.
Ulliat, rue Saint-Étienne.

### Pouilly-sous-Charlieu.

Rivollier.

### Rive-de-Gier.

Clavel, Grande-Rue.
Coste, Grande-Rue.
Dumond, rue Feloin.
Mobre, quartier de la Roche.
Masset, place Feloin.
Piegay, place Saint-Jean.
Valdener, rue Saint-Jean, 10.
Vallet, Grande-Rue.
Verdelet.

### Roanne.

Bigaie, place Saint-Etienne.
Chambosse, r. d. Bourassières.
Chevalier, rue Chablis, 22.
Cristain, r. Impériale.
Faure, rue des Bourassières.

Laly, rue Impériale.
Monvenous, r. d. Bourrassières.
Turge, rue Impériale.
Vallat, rue de la Côte, 26.

### Saint-Chamond.

Bernard, rue de la Concorde.
Ducoin, Grande-Rue.
Durand, place de la Halle.
Escot, place Notre-Dame.
Ponton, pl. Notre-Dame.
Thibeau, Grande-Rue.
Vassal, Grande-Rue.

---

# LOIRE (HAUTE-)

### Le Puy.

Alibert, rue Pannessac.
Bouchet, boul. Saint-Louis.
Gardez (Henri), place Dubreuil, 8.
Liotard, rue Saint-Jacques.
Pays, rue Grange-Vieille.
Rome, boul. Saint-Louis.
Vincent, boul. Saint-Louis.

---

# LOIRE-INFÉRIEURE

### Nantes.

Benaud, en face Saint-Louis.
Bijard, quai Richebourg.
Blimon, rue Contrescarpe.
Bonchereau, rue Rubens.
Brisset, Haute-Grande-Rue.
Cormerais, rue Santeuil.
Crouilbois, rue de la Fosse.
Ecolan, quai Richebourg.
Euchet, place Saint-Pierre.

Debesse, rue J.-J.-Rousseau.
Doineau, rue Racine, 5.
Dupuy, rue d'Orléans.
Firmin, rue d'Orléans.
Florio, rue Saint-Léonard.
Forçin, quai de la Fosse.
Forest, ch. de la Madeleine.
Fraleux, boulevard Sébasto-
  pol.
Gabriel Sirand, rue Crébillon.
Goizet, rue du Marché.
Gorry (Adrien), rue Crébillon.
Gueffier, place du Pilori.
Henri Logé, rue Crébillon.
Henry, passage Pommeraye.
Homon, quai de la Fosse.
Homon, Pont-Maudit.
Lacaste, quai Jean-Bart, 1.
Lambert, rue du Marché.
Léger, place du Pilori.
Loty, rue Sarrazin.
Loyer, place de l'Écluse.
Lucas, rue du Marchix.
Mandoul jeune, place Saint-
  Pierre.
Manière, rue Crébillon.
Martin, rue Saint-Clément.
Martineau, quai Richebourg.
Marty, rue Saint-Nicolas.
Mascé, sur les Ponts.
Menagó, quai Turenne.
Moret, rue Saint-Clément.
Merlet, quai de la Fosse.
Milliat, place du Bon-Pasteur.
Moizeau, rue Saint-Clément.
Molé, Haute-Grande-Rue.
Monin, quai de la Fosse.
Moreau, rue Voltaire.
Morel, rue Boileau.

Nuyttens, place Sainte-Croix.
Pelletier, rue Franklin.
Pingrié, quai Penthièvre.
Piron, sur la Fosse.
Ponvreau, rue du Château.
Renouleau, rue de la Verrerie.
Savary (V*), r. de la Grenouil-
  lère.

Surin fils, rue Jean-Jacques.
Surin, rue du Calvaire.
Theissier, à la Grenouillière.
Thibierge, rue Boileau.
Tixier, rue de l'Échelle.

### Ancenis.

Chauveau, rue Saint-Michel, 3.
Guetay.
Hormeau, rue des Douves.

### Châteaubriand.

Ardoint-Ligot.
Lacroix (Édouard), rue de l'Hôtel-de-Ville.

### Saint-Nazaire.

Baron, Grande-Rue.
Baron, quai de la Vieille-Ville.
Bousquet, r. du Calvaire.
Droudun, rue Viles-Martin.
Hervo, rue des Caboteurs.
Libert, place du Bassin.
Philippe, r. Bourbon de Rouvre

---

# LOIRET

### Orléans.

Allard, rue d'Illiers, 74.
Breton.
Bénard, rue Bourgogne, 342.
Billy, rue Jeanne-d'Arc, 36.
Boulay, quai Neuf-Tudelle.
Catherine, faub. Bourgogne.
Chardon.
Counier.
Daguet (M*), place du Martroi.
Désiré-Roger, rue Bannier, 6.
Duflos, rue des Carmes, 19.
Dugrosprez, rue du Pont-
  Neuf, 19.
Dupré, rue Bannier, 26.
Durivage, place du Martroi, 41.

Fabre.
Félix (Vve), gr. rue de Paris.
Guillemeau.
Hubert-Tête, r. Bourgogne, 96.
Lemerle.
Lherondeau, rue d'Illiers, 16.
Loiseau, rue Bannier, 122.
Martin, rue de la Vieille, 1.
Maudet, rue Royale, 61.
Mignot, rue des Minimes, 16.
Olivier, rue Bannier, 52.
Pentecôte.
Rapin.
Sellier, rue Croix-de-Bois, 6.
Thoquenne, pl. du Martroi, 10.

### Beaugency.

Cochet-Gaillard. — Gorge.

### Briare.

Boucault (veuve).
Cuissaint.

### Châteauneuf.

Brière, grande rue du Bourg.
Durondet.
Malesherbe.

### Montargis.

Blin, rue de la Sirène, 16.
Lemoy, place au Blé.
Prieur.
Thomas (Ve), rue du Loing, 49

### Pithiviers.

Citron, rue de la Couronne.
Piton, place du Martroi.
Renard, rue de la Couronne.
Rousseau, place du Martroi.

---

# LOT

### Cahors.

David.
Gourdon.
Loglane.

Loubières.
Lubin.
Malinat.
Mairy.
Rozière.

### Capdenac.

Labarthe.

### Figeac.

Benne, place Basse.
Delord, faubourg du Pain.
Miret, place Champollion.
Moussier, rue du Griffoult.
Rouquette, rue de la Mairie.
Verdié (aîné), r. du Griffoult.
Verdié, place Basse.
Williers, place Champollion.

### Montcuq.

Courtil (Jean).

### Saint-Céré.

Labrune, sur la Promenade.

---

# LOT–ET–GARONNE

### Agen.

Berny, place Saint-Antoine.
Boivin, rue Saint-Antoine.
Bosq, rue du Marché-au-Blé.
Breuil, rue du Marché.
Brun, rue du Marché.
Catel, rue du Marché.
Delpech, rue Garonne.
Dupouy Larroque.
Gayral.
Plotard.
Rigal fils, rue des Arènes.
Roussile.
Salère, rue Garonne.
Viguy.

### Aiguillon.

Clousiet.
Jouve.
Pezoulet.

### Casteljaloux

Casteing.
Chandru.
Choisnet.
'Paquier.
Pampoulé.

### Clairac

Chaudruc.
Clousiès Louis.
Horace.
Lafargue.
Pampouli.

### Fumel

Auguste.
Dejean.

### Lauzun

Joas.
Nouaille.

### Layrac

Dumas.
Senduc.

### Marmande

Arneaud (Vve).
Dutrieux (Vve).
Gilard (Vve).
Larroque, fils.
Martin, grande rue de l'Etang.
Vial.
Vidal, place du Marché.

### Miramont

Lanceplano.
Mourgues.

### Montflanquin

Pagnon.
Garie.
Vergne.

### Montpezat

Bourges fils.

### Nérac

Jary, place du Griffon.
Lalar, place du Marché.
Laurent, place du Griffon.
Paul, petite Allée.
Télignac.

### Port-Sainte-Marie

Guérin.
Salle.

### Sainte-Livrade

Cort.
Monadié.

### Tonneins

Anjard.
Cance.
Chatel.

### Villeneuve-sur-Lot

Arnal.
Azemar, rue de Paris, 17.
Bersard.
Cadmas.
François.
Henry.
Pourriol jeune.
Proissac.
Simène.

---

# LOZÈRE

### Mende

Bérigaut, place aux Légumes.
Martin fils, place d'Armes.
Passebois, rue Droite, 1.
Renouard, boul. de Soubeyran.
Séguin, place de la Préfecture.
Souchon, boul. de Soubeyran.

# MAINE-ET-LOIRE

### Angers

Alexandre, rue Saint-Étienne.
Alusse, rue Beaurepaire, 22.
Baptiste, rue Saint-Gilles.
Bérard, rue Plantagenet.
Boutreux, rue Saint-Laud.
Brossard, rue Saint-Michel.
Cresson, rue Saint-Nicolas.
Chouannier, r. St-Aubin, 44.
Collet, rue Lenepveu.
Dornaux, quai de Ligny.
Ferré, place du Ralliement.
Gasnier, rue de l'Aiguillerie.
Gazeau, place du Ralliement.
Gardy, faubourg Saint-Michel.
Gerbron, rue Saint-Laud, 4.
Gillet, rue Saint-Aubin.
Hermé, quai Ligny, 1.
Lagarde, rue de l'Aiguillerie.
Lecuyer, faubourg Bresigny.
Magnen, rue Baudrillière, 2.
Menus, rue Bourgeoise, 3.
Moreau, rue Saint-Nicolas.
Paillard, pl. de la Visitation.
Pelé, r. Chaussée-St-Pierre, 6.
Piron, faubourg Saint-Michel.
Renoard, rue Saint-Laud.
Reynal, rue d'Alsace.
Secouse, pl. Sainte-Croix, 12.
Splette, faubourg Bresigny.
Tricot, place Ste-Croix.

### Beaugé

Chaussepied, rue Neuve.
Cepine, rue Neuve.

### Chalonnes

Héfaud, rue Neuve.
Hiraud, Grande-Rue.
Leroux, place du Marché.

### Longuet

Lambert, Grande-Rue.
Moreau, rue des Halles.

### Saumur

Bouché, rue Saint-Jean, 2.
Chapin, rue Saint-Nicolas, 38.

Darnault, rue Royale, 40.
David, rue Saint-Nicolas, 29.
Lacour, place Bélange, 2.
Lombard, rue St-Nicolas, 7.
Machet, rue d'Orléans, 1.
Turmeau, r. du Puits-Neuf.
Turmeau, r. d'Orléans, 49.

### Serré

Chauveau Grégoire.

---

# MANCHE

### Saint-Lô

Duval, rue Torteron.
Hélène, rue Torteron.
Pichard, contre la Halle.
Sinet, rue de la Préfecture.

### Avranches

Alexandre.
Guillard.
Lelong, p. des Fontaines-Couv.
Le Normand.
Verdure.

### Cherbourg

Feuardent, rue du Port.
Feuardent, rue de la Paix.
Gilles.
Legigan.
Renaud, pl. de la Fontaine, 10.

### Coutances

Eudes (Vve).
Lecoutais.
Lecarpentier, r. Tancrède, 18.
Lainé.
Verdure.

### Granville

Allais.
Boudet.
Davenais, rue du Pont.

### Villedieu

Gauthier.
Rebillon.

# MARNE

### Châlons

Fally, place du Marché-au-Blé.
Martin père, rue St-Jacques.
Martin fils, rue St-Jacques.
Rozetti, rue de Marne.
Schmits, rue Deveau.
Schultz.
Terret fils, en face la gare.

### Dormans

Foucard, Grande-Rue.
Robert, Grande-Rue.

### Epernay

Dardenne.
Dic-Piertot.
Dugué, r. du Marché-au-Blé.
Goujet.
Guigniard.
Jacob, rue de Châlons.
Klein, rue de Châlons, 40.

### Grand-Mourmelon

Camus (au camp).
Quin-Bayen, rue Napoléon.

### Reims

Beglot, faubourg Cérès.
Bourlon, rue de Vels, 143.
Camus, rue de Mars.
Ciret, rue du Barbâtre.
Denis, rue de Vels.
Dumon, rue Colbert, 7.
Duvivier, pl. Drouet-d'Erlon.
Failly, rue de Vels, 17.
Fauchat, rue de Mars.
Hocquet, rue Neuve.
Jesson, faubourg Cérès, 19.
Landragin, rue du Cadran-
    St-Pierre.
Langlet, p. Drouet-d'Erlon, 31.
Lefèvre-Vaulon, r. du Cadran-
    Saint-Pierre, 11.
Lehèvre, r. de Vels.
Lurquin, r. Neuve.
Marache, Hautier successeur,
    rue de l'Etape, 8.

Méhaut, r. du Tambour.
Papa (Jean), rue de Mars.
Prothin, rue de l'Étape, 30.
Richard, rue Cérès, 47.
Tritant, place du Parvis.
Verjus (Ed.), rue Trudaine, 8.

### Sézanne

Dandelot.
Delet.

### Vitry-le-Français

Dominé.
Ducros, Grande-Place, 11.
Jacquemard, rue des Sœurs.
Lapierre.
Latoiz, rue de Fremicourt.
Lucot fils.
Tirelet, rue de Veaux.
Vancrot.

---

# MARNE (HAUTE-)

### Chaumont

Culetru, rue Voiedeaux, 4.
Darde, rue Grande.
Didolot, rue Toupot, 44.
Métrot, pl. de l'Hôtel-de-Ville.
Pauly, rue Chamarande.

### Bourbonne-les-Bains

Vauvilliers.

### Joinville

Caubel, Grande-Rue.
David, rue de l'Etape.
Drouot.
Légatière.
Miatmandre, r. des Fontaines.

### Langres

Chamhellan.
Dedieu, rue des Moulins.
Guelin Stefeny, place Diderot.
Humblot, Grande-Rue, 32.
Louis-Pourchet.
Picard-Humblot.

### Saint-Dizier

Costant, r. de l'Hôt.-de-V., 35.
Thiery, rue Notre-Dame, 10.

### Vassy

Édille.
Gauthier
Pernel.

---

## MAYENNE

### Laval

Bellanger, rue Napoléon.
Beucher, rue Napoléon.
Chouanière, r. de l'Hôt.-de-V.
Guérin, r. Carrefour-aux-Toiles
Guerin (Alph.), r. Joinville, 1.
Lavoix, rue d'Ernée.
Montalant, rue du Pain-Doré.
Pivert, rue Joinville.
Raimbault.
Buineau.

### Château-Gontier

Durand.
Morel.

### Craon

Bruineau.
Yvain.

### Mayenne

Bernard, rue Saint-Martin.
Gay (Auguste), Grande-Rue.
Gruau, faubourg St-Martin.
Landais-Morin, r. de Baudet, 4.
Pellerin aîné.
Pellerin Léon.
Roulland, Grande-Rue.

---

## MEURTHE

### Nancy

Antonie, r. des Dominicains, 30
Alex. Moran, r. d. Dominicains
Alcide Humblot, r. St-Georges.
Aubry, rue Stanislas.
Bajeot, pl. de la Gare.
Benoîton, r. de la Poissonnerie.
Bideaux, r. St-Georges, 63.
Bouchon, rue Dumontet.
Bouff, r. Stanislas.
Broc, r. des Dames, 5.
Claudon, r. St-Dizier.
Coblentz, rue St-Dizier.
Coye, rue Notre-Dame.
Demange, rue Saint-Georges.
Delaval, rue Lafayette.
Drouot, faubourg St-Georges.
Dumont, rue Saint-Jean.
Gabriel, grande rue Villvielle.
Georges, rue de la Faïencerie.
Gérion, r. de Quatre-Églises.
Henriot, faubourg Stanislas.
Lité, rue Saint-Dizier, 73.
Martenne, rue d'Amerval.
Maillot, place du Marché.
Merck, r. de la Hache, 12.
Moran, rue Stanislas.
Munch, rue du Pont-Mouja.
Picart, r. St.-Dizier.
Pontout, place St-Georges.
Poyer, r. de la Poissonnerie.
Protte, r. St-Dizier, 103.
Rack, rue St-Dizier.
Vaillant, r. d. Dominicains, 10.

### Lunéville

Adam.
Chuta.
Mathieu.
Waterlot.

### Pont-à-Mousson

Brouaut.
Charles.
Gerquain.

### Toul

Bédaton, r. Montée-du-Murot.
Mougenot, rue Michotel.
Poitto.
Thiers.
Rivière, rue Dauphine.

# MEUSE

### Bar-le-Duc

Briquet, rue Bar-la-Ville.
Duval, rue du Bourg.
Girardo.
Gobert, r. Entre-Deux-Ponts.
Goudon, rue Rousseau.
Jots, rue des Ducs-de-Bar.
Jolly, place Reggio, 10.
Lambert, rue de la Rochelle.
Magnier, rue du Bourg.
Marson.

### Commercy

Lecler.

### Verdun

Chamby-Leidbeur.
Damois, r. de l'Hôt.-de-V., 64.
Guyot.
Hulot.
Massé.
Planchais-Ruslhé.

---

# MORBIHAN

### Vannes

Bénard, rue Saint-Nicolas.
Briantin, rue de la Monnaie.
Brien.
Coffinet, place du Marché.
Dupont, rue Saint-Vincent.
Dupont, rue Dumenet.
Giquel, rue de Pontivy.
Jean, place Napoléon.
Pelletier, rue Salomon.

### Auray

Le Clair.

### Fouet

Palierne.

### Lorient

Bion, cour de la Bove.
Duhamel, cour de la Bove, 42.

Haray, rue du Marché.
Malécot, rue du Port, 51.
Leclerc, rue du Port.

### Napoléonville

Savart.

---

# MOSELLE

### Metz

Anel, pont de la Préfecture.
Austrager, place de Chambre.
Christophe, r. de la Chèvre.
Crépate, r. des Allemands, 106.
Girardin, r. des Allemands, 1.
Girard, r. Pierre-Hardie.
Humbert, rue Serpenoise.
Journé, pont Saint-Georges.
Kland, rue Serpenois.
Lafarges, place Saint-Nicolas.
Louitz, r. des Clercs, 34,
Meniesse, r. du Pont-des-Morts.
Petermin, r. Grand-Cerf, 10.
Piot-Bertaux, rue du Palais.
Vatrin, rue des Jardins, 3.

### Sarreguemines

Finck, place du Marché.
Sichel, rue Nationale.
Gilles, rue Nationale.
Nivelet, rue du Quartier.

### Thionville

Boucherez, r. du Luxembourg.
Isel, rue de Paris.
Mathieu, rue 2 Places.
Rusquet, rue 2 Places.
Saliès, rue des 2 Places.

---

# NIÈVRE

### Nevers

Albert, rue de Nièvre, 66.
Couraud, r. du Commerce, 13.
Gastagnet, r. de la Préfect., 74.
Chérital, place du Lycée, 5.

6

Cognet, rue du Commerce, 33.
Delalonde, r. de la Coutellerie.
Galliot, r. de l'Oratoire, 1.
Gentet, r. de la Barre.
Goux, rue de Latartre, 7.
Jardillier, r. du Commerce, 28.
Joubert, rue du Commerce, 14.
Joubert Louis, p. St-Sébastien.
Lorillard.
Offemann, rue Saint-Étienne.
Porte, rue des Bouchers, 5.
Vallière, rue du Commerce, 24.

### Charité (La)

Boiroux.
Gobier-Mouille.

### Château-Chinon

Edouard Collineau.
Taché.

### Clamecy

Bourdignon-Ravier, p. Marché.
Bourdignon, Grande-Rue.
Célestin, Grande-Rue.
Deuzé, rue Faub.-de-Beuvron.
Martin, rue du Grand-Marché.
Roty, rue Faub.-de-Beuvron.

### Cosne

Boberot, rue Neuve.
Genty-Megnin.
Girardy, rue de Donzy.
Coquelard, rue Saint-Pierre.
Sautereau, rue Saint-Jacques.

### Premery.

Declas.

---

# NORD

## Lille

Aldebert, rue de Flandre, 33.
Berton, rue St-Sauveur, 86.
Blicq, rue de la Mairie, 2.
Cambray, rue Boucher, 2.
Clovis, r. Pont-de-Commine.
Cornille, r. St-André, 4.
Decarnain, r. du Bourdeau.
Drapier, rue Esquermoise, 15.

Devos, marché aux Poissons, 24
Devos, rue Impériale.
Didier, rue Saint-Nicolas, 6.
Dubart, rue Béthune, 64.
Duponchelle, r. Esquerm., 104.
Ernerglinck, march. aux Fleurs
Hugues, rue des Oyers, 2.
Laffet, place Patissier, 22.
Lallemand, rue Juilliers, 57.
Laurent, r. des Tanneurs, 3.
Leclerc, rue St-Nicolas, 31.
Lestocar, r. Esquermoise, 41.
Mathieu, rue Royale, 35,
Oudard, rue St-Étienne, 3.
Parent (V.), r. des Manilliers, 6.
Petit, rue Saint-Genois, 32.
Retaire, rue Juilliers. 76.
Richez, rue Esquermoise, 44.
Vandamme, r. Esquermoise, 8.
Verrez, rue Sainte-Anne.

### Avesnes

Köllkorene. Grande-Place.
Pons (Jules),
Poulet, Grande-Rue, 3.

### Bavay

Tonnelier.

### Bergues

Lecellier.

### Cambrai

Brisset, r. de l'Arbre-à-Poires.
Chaperon, rue de l'Ange.
Cheveaux, rue Tavelle.
Etienne, rue des Fromages, 9.
Fris, rue des Carmes.
Ladent aîné, rue des Carmes.
Ladent jeune, r. des Carmes.
Mascrais.
Vaillant aîné, r. Fromages, 13.

### Cateau (Le)

Canonne, r. Faub. de Cambrai.
Canonne, r. des Récolets.
Canonne, r. du Racot.
Dogé.

Lanselin, faub. Landrecy.
Noguéra-Noblécours.
Vallerand.

### Douai

Bellain (V*), r. d'Equinchin.
Belangé, r. du Pt-à-l'Herbe, 12.
Carpentier, place d'Armes.
Colaerd.
Dassonville, r. de la Mairie, 15.
Dufour.
Heldre, rue des Écoles, 30.
Legros, rue Saint-Pierre, 11.
Legros, quai du Petit-Bail, 2.
Mairesse, rue de Paris, 36.
Marchand, r. de Bellaing, 41.
Melville, rue Saint-Albin, 14.
Olivier, rue de Paris, 10.
Péron-Gambert, r. des Écoles, 5
Peruchot, rue Cloris, 27.
Pierriard, rue des Fripiers, 9.
Thirion, r. de Valenciennes, 9.
Trareng.

### Dunkerque.

Bertrand, r. des Capucins, 22.
Blouet, rue de l'Église, 35.
Chichery, rue du Quai.
Freyder, rue Saint-Jean.
Marcant, r. des Capucines, 25.
Renty, r. des Chaudronniers, 13
Wade, rue de l'Église, 5.

### Gravelines.

Delforges.

### Maubeuge.

Bracart.
Fournoy, rue de la Mairie.
Leboucq.
Sance.

### Roubaix.

Bauwens, rue du Chemin-de-Fer, 32.
Capelle, r. des Fabricants, 11.
Leignel, rue du Vieil-Abreuvoir, 40.
Olivier, r. du V.-Abreuvoir, 2.
Scuy, rue Nain, 16.

### Tourcoing.

Dubot.
Lefèvre, rue de Lille, 3.
Leruste.

### Valenciennes.

Bertrand, rue du Quesnoy, 3.
Campagna (Charles).
Carpentier, rue de Famars.
Castenier, rue Duquesnois.
Clouet, rue Duquesnois.
Clouet, rue d'Elson.
Comtesse-D., r. de Paris, 65.
Coutelier, rue Famars.
Cricquelion et Hertel, rue de Paris, 8.
Danhaey, rue Famars.
Darteyre, rue de Paris.
Delvigne, rue Saint-Géry.
Drapier père, rue de Lille, 21.
Flamand, rue de la Nouvelle-
Lequieux.
Moreau rue de Lille.
Sellier, rue de Paris.
Stievenard, rue Famars.

# OISE

### Beauvais.

Bougenière, rue de la Harpe.
Bouilly (Veuve), faub. Saint-Jacques.
Cabon, pl. de l'Hôtel-de-Ville.
Delaplace, rue de l'Écu, 24.
Dubray, rue des Jacobins.
Dubus, rue Saint-Jean.
Dupont, rue des Jacobins, 9.
Fricourt, rue Saint-Jean, 11.
Gimard, rue de Gournay.
Harenger, gr. rue de l'Hôtel-de-Ville.
Langlet, rue Saint-Sauveur, 19
Langlois, rue Saint-Martin.
Leger (Veuve), rue du Chemin-d'Or.
Pautre, Grande-Rue Saint-Sauveur.

Regimbart, r. St-Jacques, 30.
Roche. rue Duchâtel, 3 et 5.
Rippault, rue des Jacobins, 3.
Roulleau, rue du Chariot-
d'Or.

### Beaumont.

Aubry, rue du Beffroy.
Devoir.
Laurent.
Lauxerrois.
Sagot, rue du Beffroy.
Trouvé (Auguste).

### Breteuil

Duché.
Guedet, rue des Fontaines, 6.

### Chantilly

Bernuval, Grande-Rue, 18.
Halot, rue, de Paris.
Pannetier, Grande-Rue, 111.

### Chaumont-en-Vexin

Cleret, Grande-Rue.
Defin, rue de Paris, 6.
Duguet-Jacquesson, rue de
Paris, 9.

### Clermont

Bernard, rue de Paris.
Darras, place de Limoges.
Fournal, place des Vosges.
Gobin, rue de Mouy, 32.
Goujon, rue de Condé, 34.
Letellier, rue d'Amiens, 1.
Richard, rue des Fontaines, 46.
Vasseur, rue de Condé.

### Compiègne

Barbier-Villion.
Daubigué, rue de la Gare.
Dugrosprez, rue Solférino, 18.
Fagard, rue Solférino, 13.
Gô, rue de Jeanne-d'Arc.
Godefroy. rue Saint-Antoine.
Jarry, rue Saint-Martin.
Lagache, rue Solférino.
Legrand, rue du Chat-qui-
Tourne, 7.

Richy, rue des Pâtissiers. 8.
Saint-Mihiel, place de l'Hôtel-
de-Ville.
Villion, rue Saint-Corneille.

### Coye

Lemoine, Grande-Rue.

### Creil

Benoit, Grande-Rue.
Blanchais, Grande-Rue, 55.
Marcelin, Grande-Rue.
Mercier-Zéphir, Grande-Rue.
Thiéry. près de la gare.

### Crépy

Duchamp
Feuquieres Bègue.
Laguez.

### Granvillers

Magnier, place de l'Hôtel-de-
Ville.

### Mouy

Caron.
Legros (Veuve).

### Nanteuil-le-Haudoin

Lefèvre.
Millevoye.

### Noailles

Bulard.

### Noyon

Bourdon, place A. Cordouen.
Copier, rue de Paris.
Grenier, rue de Chauny.
Mesureur, rue de Paris.

### Pont-Sainte-Maxence

Courtois, faubourg du Nord.
Lejeune, rue Neuve.
Coularet (Albinus).

### Sainte-Geneviève

Bestard-Justin.
Chartier-Gontier.

### Senlis

Braquet, fils.

**Sainte-Marie-aux-Mines**

Loefler, Grande-Rue, 54.
Schweitzer (aîné), Grande-
Rue, 105.

**Thann**

Beuret, Grande-Rue, 20.
Pulster, Grande-Rue, 20.
Wagner, Grande-Rue, 32.

# RHONE

### Lyon

Agliany, cours de Brosse, 17.
Aldebert, av. de Noailles, 63.
André, passage de l'Argue.
André, r. de la Préfecture, 1.
Azaïs, quai Saint-Vincent, 60.
Barbier, q. du Pr.-Impérial, 15.
Barthelemy, pl. Impériale, 55.
Bayle, rue Confort.
Berle, rue Impériale, 11.
Berthaud, rue St-Dominique·
Berthed, pl. Louis XVI. (Brot.)
Berthier, pl. des Terreaux.
Berthier, rue Bourbon, 17.
Berthier, cours Bourbon, 56.
Blondeaux, c. Derbouville, 15.
Billaud, rue Dubois, 8.
Boissard, rue Ternes, 31.
Boissuaux, r. de la Charité, 76
Bonnard, cours Napoléon, 40.
Bonnaz, rue Perrot, 2.
Bonnet, rue d'Enghien, 22.
Bonioli, rue de la Charité, 44.
Bouchard, pl. Bellecour, 20.
Bouey, rue Bourbon, 53.
Boulet, passage du Collége, 5..
Bouvard, pl. des Célestins, 4.
Brenaud, pl. des Terreaux, 8.
Bresson, rue Romarin.
Briand, r. de l'Impératrice, 106
Briaud, marchand de cheveux,
  pl. des Capucins, 5.

Buty, rue du Commerce, 13.
Calvet, place des Terreaux, 21.
Caivet, r. de la Préfecture, 10.
Chaillot, rue Childebert, 15.
Champin, rue de la Bourse, 33.
Chardinous, pl. du Change, 2.
Chardinous. rue Madame.
Charnaud, rue Grenette.
Chetaille, rue Sainte-Marie.
Chevalier, cours Lafayette.
Chevalier, place Napoléon, 2.
Chesson, rue Royale, 11.
Collet, place Colbert.
Combe, rue de Chartres. 149.
Cureau, rue Vendôme, 133.
Darmez, rue d'Algérie, 4.
David, place du Collége, 6.
Déclairieux, cours Morand, 55
Delahaye, place des Terreaux.
Delorme, rue Henri IV, 14.
Delhome, quai de l'Archevê-
  ché, 13.
Denis, rue Gentil, 8.
Depalme, place Saint-Clair, 8
Desbois, rue Ravet.
Descombe, rue Impériale, 4.
Deval, rue Duguesclin, 87.
Douzal, cours Vitton.
Drague, rue Bourbon.
Drapy, rue de Puzy, 3.
Dubard, rue Bourbon, 19.
Dubard, pl. de la Comédie, 25.
Dubois, rue de l'Impératrice.
Duclos, rue Saint-Marcel, 19.
Dumonceaux, pl. Napoléon, 5.
Dussert, r. Vieille-Monnaie, 12
Estrade, rue Bodin, 7.
Finet, place Saint-Jean, 5.
Foncelle, cours Lafayette, 36.
Fournel, rue Ferrandière, 8.
Gabriel, quai d'Orléans, 4.
Gallaud, quai de l'Archevê-
  ché, 25.
Gariot, quai Saint-Vincent, 35.
Garcin, rue Centrale, 36.
Gouthier, rue Impériale, 2.
Gerboz, cours Morand, 2.

Girordot, cours Charlemagne.
Glasson, rue Duquesne, 47.
Gonnet, rue St-Joseph, 24
Gonzague, q. de l'Hôpital, 2.
Grèfe jᵉ, quai des Célestins, 1.
Gréfe, plaée des Terreaux, 7.
Griot, rue Lafont, 20.
Janvier, rue Champier, 13.
Jamard, place du Change, 4.
Jourde, passage Tholozan, 25
Julien, passage Reischtadt.
Lafumas, côte St-Sébastien, 11
Lambert, rue des Martyrs, 76
Latour, place Forces, 8.
Laurent, r. de la Madeleine, 42
Laurent, rue Vaubecour, 31.
Lorie, rue Perrot, 20.
Mergotton (Vᵉ), rue Palais-
   Grillé, 14.
Martin, r. des Prêtres, 22.
Martin, passage de l'Argue.
Marty, rue Constantine.
Merle, r. de la Madeleine, 26.
Michon, rue Moncey.
Million, rue de la Reine, 36.
Minary, rue Bugeaud, 30.
Monnet, rue Vieille-Monnaie,
   40.
Monnet, cours de Brosses, 1.
Naudot, place de la Miséri-
   corde, 3.
Nicolas, rue Bourbon, 35.
Novet, rue Confort, 2.
Ollier, r. de la Bourse, 55.
Pain, rue Chabrol, 3.
Piot, rue de Jussieu, 24.
Planas, cours Morand, 11.
Planas, r. des Capucins, 1.
Puzolas, cours Morand, 20.
Raynaud, place Impériale, 40.
Revert, rue Ceylu, 12.
Richoud, pl. des Cordeliers.
Rivier, q. Saint-Vincent, 50.
Rochon, r. Guillotière, 112.
Rochon, rue Grenette, 34.
Rolin, rue d'Algérie, 2.
Rolin, rue Romarin, 16.

Ruby, cours Napoléon.
Salon, r. de la Madeleine, 40.
Sanazard, r. Vaubecour, 23.
Séguin, pl. de la Pyramide.
Soulayrac, av. de Saxe, 73.
Tardif, rue Grolée, 32.
Tavernier, rue Grolée, 32.
Tirel, rue Impériale, 62.
Valancin, rue Bourbon, 6.
Vauclin, quai de Vaise, 22.
Vaur, r. de l'Arbre-Sec, 14.
Vautour, rue Tupin, 1.
Velay, passage de l'Argue.
Vey, rue des Feuillants, 5.
Vey, rue Bourbon, 1.
Vial, rue de Lyon.
Vignon, petit pass. de l'Argue
Viret, rue des Capucins, 25.
Voisin, rue de Trion, 13.

### Anse.

Dumas, route Impériale.
Moransac, place de l'Eglise.

### Belleville.

Labranche.
Moutte.

### Chessy-les-Mines.

Verniod.

### Givors.

Baral, sur le canal.
Boudet, sur la place.
Bron.
Costé.
Durand, Grande-Rue, 3.
Poupon, Grande-Rue.
Zieglaire, Grande-Rue.

### Neuville-sur-Saône.

Bermillon.
Catton.
Laloi.

### Sainte-Foy-lès-Lyon.

Dumas, Grande-Rue.
Pichon.

### Tarare.

Baudinat, Grande-Rue.
Desbois, Grande-Rue.
Dupont, rue Pecherie.
Laborde, Grande-Rue.
Lafet, rue Burie, 20.
Tachon, Grande-Rue.
Turge, Grande-Rue.

### Villefranche.

Bernard, r. Impériale, 25.
Buget, Grande-Rue.
Champalle, rue des Frères.
Chaumont, Grande-Rue.
Chevalier, Grande-Rue.
Clérin, Grande-Rue.
Coquet, Grande-Rue.
Dalbignat, p. de Belleville.
Dupont, rue des Fayettes.
Durand, Grande-Rue.
Gauthier, Grande-Rue.
Gimon, Grande-Rue.
Liard, rue Saint-Jacques.
Lucquesi, Grande-Rue.
Mennard, rue des Frères.
Mullo, Grande-Rue.
Perrin, Porte-d'Ance.
Placet, Grande-Rue.
Séguin, Grande-Rue.

---

## SAONE (HAUTE-)

### Vesoul.

André, place du Palais, 1.
Beaumeyer, Grande-Rue.
Bouilly, Grande-Rue.
Escoffier, rue des Casernes.
Débeau (Jean), Grande-Rue.
Rousseau, rue Haute.

### Gray.

Callembut, rue de la Mairie.
Colman, rue Vanoise.
Dehors, Grande-Rue.

Fournier, Grande-Rue.
Geoffroy, rue Vanoise.
Jury, rue du Pont.
Nicolin, rue Vanoise.
Pernin, rue de l'Abattoir.
Potel, rue des Promenades.
Thévenot, Grande-Rue.
Thiébaut, rue Vanoise.
Thierry, Grande-Rue.
Vittenet, r. des Promenades, 1.
Bourdon, Grande-Rue.
Gechoux, Grande-Rue.

---

## SAONE-ET-LOIRE

### Mâcon.

Barret, rue Joséphine.
Briant, rue Philibert-la-Guiche.
Brun, quai du Sud
Castagnier, rue Philibert.
Chaumelin, r. Fg-de-la-Barre.
Clément, rue de la Barre.
Cler père, rue Sigorgne.
Clerc fils, rue Sigorgne.
Genoux, place de la Pyramide.
Liard, quai du Nord.
Lithod, rue St-Brice.
Morad, r. Philibert-la-Guiche.
Morel, rue de la Barre.
Ravet, quai du Nord, 30.
Robergot, r. de Châtillon.

### Autun.

Bobelin, passage Couvert.
Bourdon r. de l'Arquebuse.
Delonée, r. de l'Arbalète, 9.
Faivre fils, rue Mazagran.
Gauthey, rue aux Cordiers.
Geay, rue des Cordeliers.
Lenoble, place de l'Evêché.
Parisot fils, r. de la Terrasse.

### Ruxi.

Drain.

### Chalon-sur-Saône.

Audin, rue Carnot.
Bigol, r. Haute-de-l'Obélisque
Billot, rue du Pont.
Brouillard, rue aux Prêtres.
Champromis, r. F.-St-Côme.
Freby, rue de Lyon.
Frerot, rue Pavé.
Gros, rue Sainte-Marie.
Labry, pl, de Beaune.
Meunier (Ant.), pl.St-Vincent.
Navarro, r. du Port-Villiers.
Parisot, rue du Châtelet.
Philippe,r. du Port-Villiers, 2.
Richard, Grande-Rue.
Viret, rue Saint-Georges.
Viret-Vernillet, rue de la Fontaine.

### Charolles.

Dubard, Grande-Rue.
Dubard, rue du Théâtre.
Lemonier.

### Creusot (le)

Baron, Grande-Rue.
Blot, rue de Chalon.
Boulet, rue de Chalon.
Gardey, rue de la Sablière.
Latour, rue du Guide.
Magnin, Grande-Rue.
Marzelin, Grande-Rue.

### Epinac.

Bisson.
Morel.

### Louhans.

Bugnot, rue Neuve.
Jomard, Grande-Rue.
Martinet, Grande-Rue.
Morey, Grande-Rue.
Puget, Grande-Rue.

### Monchanin-les-Mines.

Thibaud.

### Montceau-les-Mines.

Juillet, rue des Ciseaux.

### Saint-Gengoux

Duchatelet.

### Tournus.

Blondet fils, Grande-Rue.
Coton Jérôme, rue du Midi, 43
Four, Grande-Rue.
Gérome, Grande-Rue.
Guittard, Grande-Rue.
Melqueur, rue du Pont.

---

# SARTHE

### Mans (le).

Bapt. Galard, r. des Minimes, 52.
Bisson.
Belin, rue Saint-Martin, 6.
Chanteaux, rue des Minimes.
Edmond, rue Dumas, 26.
Féan (Ed.), r. de la Préfecture
Goupil, place des Halles.
Leboucher, boul. de la Gare,39
Mazet, rue de Paris.
Moulin, rue Marchande.

### Flèche (la).

Bouju, Grande-Rue.
Desrenne, rue Basse.
Fresneau, Grande-Rue, 12.
Heon, rue Neuve.

### Lude (le).

Dubin.
Lanchais, rue Dorée.

### Mamers.

Bernard, place des Halles.
Martin, rue Chevalier, 1.
Tusseau, rue du Cygne.

### Montmirail.

Voisin (Henry).

**Sablé**

Chesneau, place de la Mairie.
Lebonnier, rue Nationale, 4.

**Sillé-le-Guillaume.**

- Gallet.

# SAVOIE

**Chambéry.**

Bosso, rue Croix-d'Or.
Baujat, rue des Portiques.
Bressot, rue des Portiques.
Chaulat, rue Trésorerie.
Claudius Ferrand, pl. St-Léger.
Foullioud, faubourg Reclus.
Jandet, rue Croix-d'Or.
Perousa, place Saint-Léger.
Pollingue, rue de Boigne, 5.
Portiglia, rue Juiverie.
Rubin, place Saint-Léger.
Talin, rue Croix-d'Or.
Vallin, rue des Portiques, 9.

**Aix-les-Bains,**

Barrut, rue de Genève.
Bouton, Grande-Place.
Cara, rue de Genève.
Fauchier (Louis), r. du Casino.
Girault, rue de Chambéry.
Pagès, rue de Chambéry.

# SAVOIE (HAUTE)

**Annecy,**

Cemoux, rue Notre-Dame.
Métral, rue du Bœuf.
Rorta, rue de l'Evêché.
Rassat, rue Royale.
Sève (aîné), rue de l'Evêché.

**Evian.**

Michoux, Grande-Rue.

# SEINE-ET-MARNE

**Melun.**

Benoist rue Saint-Aspais, 1.
Bernard, r. St.-Ambroise, 13.
Guérin, rue du Marché-au-Blé.
Lemosse, place Saint-Jean, 2.
Maurienne, r. de l'Ancien-Marché-aux-Blés, 19.
Paquier, rue de la Juiverie.
Patat, rue du Miroir, 6.
Sergent, gr. r. St-Etienne, 14.
Veillon, r. du Pal.-de-Just., 6.
Viard, rue Saint-Ambroise.

**Bray-sur-Seine.**

Joubier, rue de l'Eglise.
Villers, Grande-Rue.

**Brie-Comte-Robert.**

Guillory, r. du Beau-Guillaume.
Lepoivre, place du Marché, 5.
Léveillé, rue de l'Eglise.

**Châtelet, près Melun (le)**

Homont.

**Chaumes.**

Jannon.

**Chelles.**

Crépedeville, Grande-Rue.
Denance, Grande-Rue.
Ester fils, Grande-Rue.

**Chenoise.**

Marneau.

**Claye.**

Watrin, Grande-Rue.

**Coulommiers.**

Dewilmor, place du Marché.
Laporte.
Parnot, rue du Marché-aux-Poulets.
Picquet, rue Beaurepaire, 33.
Pierson, rue Beaurepaire, 6.
Vignier.

### Crécy.

Cassaigne, place du Bourg.
Cordier, place du Marché.
Grégoire, place du Marché.
Scribe, place du Marché-au-
Foin.

### Crouy-sur-Ourcq.

Phillppon.

### Dammartin.

Dumont.
Joly (Eugène).
Millevoye.
Peyroux.

### Égreville.

Doret.
Charles Etancelin.

### Ferrières.

Cherou.

### La Ferté-Gaucher.

Bazor, Grande-Place.
Larrieux.
Protat.

### La Ferté-sous-Jouarre.

Chéron veuve.
Delarue.
Longuestre.
Throuet.

### Fontainebleau.

Bergeron.
Berthier, Grande-Rue, 16.
Bonaventure, Grande-Rue.
Coulom, Grande-Rue, 30.
Faille, quai de France, 10.
Gournay, Grande-Rue, 6.
Guerdat, Grande-Rue, 81.
Jourdan, rue de France, 39.
Lesueur, Grande-Rue, 82.
Martin, rue de France, 19.

### Guignes.

Bousset.
Thouret.

### Jouy-le-Chatel.

Huet.
Viel.

### Lagny.

Grandin, rue du Pont-de-
Marne.
Grenouillet, place de la Fon-
taine.
Lecomte, rue du Pont-de-
Marne.
Martin, rue Saint-Laurent, 2.

### Lisy.

Belval.
Jary.

### Meaux.

Bettenant, place du Marché.
Burgeat, rue Saint-Nicolas.
Claudin, place de la Cathé-
drale.
Cornillier, r. du Grand-Cerf, 11
Delaplace, rue Saint-Nico-
las, 12.
Etienne, place du Marché.
Gullait, rue Corneillon.
Gatellier, rue Saint-Remy, 26.
Masson, faubourg Saint-Ni-
colas, 29.
Housset, rue Saint-Remy, 40.
Laffray, place de la Cathé-
drale.
Lebègue, rue d'Arnethal.
Noël, rue Saint-Nicolas, 13.
Paris, rue d'Arnethal.

### Montereau.

Baulet, rue du Faubourg-St-
Colas, 65.
Dumond, rue des Changes.
Fouché, Grande-Rue.
Lepage, rue Couverte.
Lepage, Grande-Rue.
Lepemme Grande-Rue.
Lulier, place du Marché.
Rouillot veuve, rue de l'É-
tape, 17.

Salmon-Blanchard, Grande-Rue, 80.
Tronet, Grande-Rue.

### Mormant.

Cochet.
Lay veuve.
Lanier.

### Nangis.

Charreyron, rue de la Poterie, 18.
Jouber, rue de la Poterie.
Millevoye, rue de la Poterie.
Poisson, rue de la Poterie.

### Nemours.

Brideron, place Saint-Jean, 2.
Menssion, rue du Boisseau.
Pouillot, place du Marche-au-Blé.
Sevin, rue des Tanneurs, 3.
Tiliou, rue de Paris, 57.
Voillot, rué de Paris, 60.

### Ozouer-les-Voulgies.

Chapeaux.

### Provins.

Augé, rue Duval, 31.
Billoré, rue Duval, 2.
Caillot, rue de la Charonnerie.
Cazeaux, rue de la Friperie.
Choquart, grande rue du Val, 54.
Clou, rue Culoison.
Léger place d'Armes.
Peres, rue de la Friperie.
Senet, rue Hugues-le-Grand, 4.
Tremesballe fils, Grande-Rue.

### Rosoy-en-Bric.

Cheret, rue de Paris.
Godefroy, rue de Paris.

### Thorigny.

Dupin.

### Torcy.

Poyé.

### Tournan.

Legludic, rue de Provins.
Pierre Hipp., place du Marché.
Roche, place du Marché.

---

# SEINE-ET-OISE

### Versailles.

Angelot, rue Royale, 42.
Barbier, rue Royale, 67.
Barbier, rue Royale, 9.
Baubion, rue de la Paroisse. 105.
Bhiel veuve, rue de l'Oranrangerie, 51.
Boucher, rue Royale, 28.
Carayon, rue Hoche, 12.
Carme, rue de la Pompe, 33.
Chérier, rue de la Pompe, 12.
Cobf, rue Montboron, 23.
Croizet, rue de Montreuil, 27.
Danviec, carrefour Charreaux.
Delouis, rue de Montreuil, 5.
Dercq, passage des Trois-Cités.
Derouet, rue du Plessis, 30.
Decaux, rue du Plessis, 29.
Dubois, rue de la Paroisse, 7.
Ipp, rue d'Anjou, 29.
Euzet, rue de Satory, 1.
Godebœuf Luc, r. Satory, 22.
Henry (Pacq.), rue Saint-Pierre, 8.
Houdard, rue Satory, 11.
Jérardot, rue Satory, 35.
Jousse, rue de l'Orangerie, 25.

Leneveu, rue de la Paroisse, 9.
Lelong, rue des Chantiers, 37.
Louis Vérité, r. Gr.-Mont., 19.
Marel, rue de la Paroisse, 23.
Marias, rue du Plessis, 20.
Masson, rue des Chantiers, 12.
Michel, rue Hoche, 10.
Miot, rue des Chantiers, 17.
Parfait, rue Royale, 29.
Piedalu, place Saint-Louis.
Poulain, rue de l'Orangerie, 61.
Prospert, rue de la Paroisse, 108.
Reignier, r. de la Paroisse, 83.
Rey, rue Royale, 31.
Thabut, rue Royale, 41.
Thomas, rue Saint-Pierre, 4.
Vautier (Jules), pl. Hoche, 7.
Vautier, boulevard du Roi.
Vergina, rue de la Paroisse, 29.
Vergina, av. de St-Cloud, 5.
Vincent, rue Royale; 31.
Viseur, rue des Chantiers; 45.

### Angerville.

Delaville, pl. du Marché, 73.
Gudin.

### Argenteuil.

Dumont, Grande-Rue, 79.
Bourgis, Grande-Rue, 36.
Henry, Grande-Rue, 108.
Hornet, rue de Calais.
Galande, rue du Port.
Laby.
Lacroix, Grande-Rue, 120.
Sarot, Grande-Rue, 34.

### Arpajon.

Brizard, Grande-Rue, 34.
Monard, Grande-Rue, 64.
Wachoru-Réville.

### Balancourt.

Vallier.

### Bellevue.

Pagnard.

### Bessancourt.

Drussard.

### Bezons.

Bernard, rue de Pontoise.
Louet, rue de Paris, 17.

### Bièvre.

Lebleue.
Montigny.

### Boissy-sous-Saint-Yon.

Wachosu (Adolphe).

### Bougival.

Delbret.
Fohrer.

### Brunoy.

Abbal, rue du Pont.
Dacher.

### Bruyères-le-Chatel.

Roussel.

### Chatou.

Galland, rue de la Paroisse.
Hardouin, rue Saint-Germain.

### Chaville.

Berot (Firmin), rue Royale, 80.
Lesage, rue Royale, 104.

### Chevreuse.

Grillet.
Cherel-Geoffroy, p. d. Halles, 1.
Lefèvre, rue de Paris, 18.
Pellé, pl. du Marché-au-Blé.

### Conflans-Sainte-Honorine.

Hector Canoville.
Lacroix.

### Corbeil.

Bonnemaison, rue du Pont, 6.
Hébert, rue de la Pêcherie, 30.
Lemonnier, rue Saint-Spire, 4.
Lhermite, r. Notre-Dame, 14.
Terrien, rue Saint-Spire, 18.

**Cormeilles-en-Parisis.**

Dobremer.
Huppé, Grande-Rue.

**Croissy.**

Boutel.

**Deuil.**

Boursier, rue de l'Eglise, 20.

**Domont.**

Morel.

**Dourdan.**

Charleux, r. de Chartres, 1.
Mehudin, pl. du Marché.
Méhudin.

**Draveil.**

Charton.
Radotzy.

**Ecouen.**

Carreau.

**Enghien.**

Langognier, Grande-Rue, 29.
Petrus, Grande-Rue.
Permettez, Grande-Rue.
Vasseur.

**Essonnes.**

Auchard, rue Royale.
Broy (Jules), rue de Paris, 104.
Charollet, rue Royale, 61.
Lavigne, r. d'Angoulême, 16.
Perthuit.
Prieur, rue de Paris.
Petit, rue d'Angoulême, 16.

**Etampes.**

Bertheault, rue Ste-Croix, 46.
Charpentier, r. St-Jacques, 113.
Demest (V*), rue d'Arnethal.
Gaut, rue du Haut-Pavé, 26.
Gibaut (veuve), Grande-Rue.
Lacreusette, rue St-Antoine, 6.
Lavigne, rue Duperray, 54.
Léger, rue Sainte-Croix, 44.
Mercier, Grande-Rue, 110.

**Rimet** (V*), rue de la Tannerie.
Vallet (Veuve), rue du Puits-de-
la-Chaîne, 2.

**Etrechy.**

Durand.

**Ferté-Aleps (La).**

Lesage.

**Franconville-la-Garenne.**

Guéret.
Moreau.

**Garches.**

Vitard.

**Gif.**

Pannetier, Grande-Rue.

**Gonesse.**

Bluchaud, place de l'Hôtel-de-
Ville, 1.
Dubois, rue Galande.
Dubois (Élisée), Grande-Rue.

**Houdan.**

Bayelle fils.
Dardenne.
Foucault, Grande-Rue.
Hervelet.
Ruelle, pl. du Marché-au-Blé.

**Houille.**

Henry, rue de Pontoise.
Piedsaut, rue de Paris.
Porchet, rue de Pontoise.
Treton, rue de Pontoise.

**Igny.**

Duclos.

**Isly-la-Bataille**

Lesec.

**Limetz.**

Ablin.

**Limours.**

Girault.
Laune.

### Linas.

Trouvé, Grande-Rue.

### L'Isle-Adam.

Alphonse Poquet, r. St-Lazare.
Delondre.
Duplessis, Grande-Rue.
Langlois.

### Livry.

Aberlander, pl. de la Fontaine.
Gane, place de la Fontaine.
Martin, place de la Fontaine.
Le Dey, place de la Fontaine.

### Longjumeau.

Bouette, Grande-Rue.
Devouzy, Grande-Rue.
Pouplié, Grande-Rue.

### Louveciennes.

Ricat.

### Louvres.

Hubert.
Joseph Kern.

### Luzarches.

Baillon, place de la Mairie.
Guillot, rue de Paris, 7.
Taffin, rue d'Amiens, 6.

### Magny-en-Vexin.

Deleux.
Froment (madame).
Lavigne.
Versepuy.

### Maisons-Laffite.

Cordier, place du Pavillon.
Dupont, Grande-Rue.
Thiebault, avenue Longueil.

### Mantes

Bergeron, Grande-Rue, 550.
Devillers, Grande-Rue, 530.
Monnet, r. Mar.-au-Pain, 700.
Grivel, rue Notre-Dame.
Lécuyer.
Mouchet (François).

### Marcoussy

Dunay.
Graveteau.
Lambert.

### Marine

Bastard, place du Marché.
Costy (Charles).
Ledanseur.

### Marly-le-Roi

Beaudoin.
Rey (Prosper), Grande-Rue.

### Massy

Rey, Grande-Rue.
Toutin, Grande-Rue.

### Maule

Languegé.

### Ménil-Aubry

Savouré.

### Mennecy

Desclais.
Marquisson, place de la Mairie.
Mella, rue de la Fontaine.

### Méry

Roussel, route de Paris.

### Meudon

Chalot.
Germain, rue des Pierres.
Godot, rue des Princes, 12.
Léon Goujat, rue Royale, 1.

### Meudon (Bas-)

Léger, route des Gardes, 1.

### Meulan

Marchand, rue Haute.

### Milly

Bruneau, rue des Halles.
Dallier, rue des Halles.
Gonot, Grande-Rue.
Menin, Grande-Rue.

**Moissel**

Dubos.

**Montgeron**

Hébert (Paul).

**Montfermeil**

Peltier.
Mouton.

**Montfort-l'Amaury**

Charpentier.
Mabille.

**Montlhéry**

Brizard (Eugène).
Chambart.
Mittonneau.
Poulain.

**Montlignon**

Chalot.
Gaspart.
Masson.

**Montmagny**

Grivelet (V°).

**Montmorency**

Beheyet, rue du Marché, 5.
Joly.
Léon, rue du Marché, 6.
Riquoir.

**Neauphle-le-Château**

Servin.

**Neuilly-sur-Marne**

Chevillon, Grande-Rue.

**Noisy-le-Grand**

Taffin.

**Orgeval**

Blouin, à la Belle-Etoile.

**Orsay**

Grossot.
Jouglas.
Montigny.

**Palaiseau**

Bouete, Grande-Rue.

**Boyer, Grande-Rue.**

Durbec, Grande-Rue.
Pannetier, Grande-Rue.

**Parmain**

Lebrun.

**Pecq (le)**

Bourgogne, rue de Paris.
Bussière, rue de Paris.
Nicolle, Grande-Rue.
Thokler, rue de Paris, 25.

**Petit-Bry**

Bourdy.

**Petit-Marigny**

Fleury.

**Poissy**

Bouilland, Grande-Rue, 79.
Chourlet, Grande-Rue.
Dubru, rue de Paris.
Thibault, rue au Pain.

**Pontoise**

Cochois, rue de l'Hôtel-de-
  Ville, 25.
Courleville, rue de la Coutel-
  lerie, 57.
Dubois, quai de Pothuis, 7.
Dufour (Ch.), Grande-Rue, 3.
Ledanseur, porte d'Enery.
Lemain, rue Basse-Aumône.

**Port-Marly**

Chandelier.

**Presle**

Badancourt.
Richebraque.

**Rambouillet**

Barbé, rue de Paris, 14.
Baron.
Blanchery, rue Impériale, 34.
Sarriot, rue Impériale.

**Ris-Orangis**

Bouchard.

### Rueil

Ernest, boul. Sycomore, 2.
Génot, rue de l'Empereur, 1.
Jourdain, place de l'Eglise.
Maurin, rue de Suresnes.
Huant, rue du Château, 11.

### Santenis

Hurbier, Grande-Rue.

### Saint-Arnoult

Lacote, Grande-Rue.

### Saint-Brice

Reynes.

### Saint-Chéron

Guyard, rue de Paris.
Perriea.

### Saint-Cloud

Baudot, rue Royale, 27.
Bonneau, rue Royale, 32.
Constant, rue de l'Eglise, 2.
Doye, route Impérilae, 7.

### Saint-Cyr

Gachet.
Jousse.

### Saint-Germain

Bernard, pl. de la Paroisse, 3.
Jacquemart rue de Pologne, 17.
Bonvoisin; rue de Paris, 53.
Bouchot, rue des Coches.
Coiffart, rue Marelle, 13.
Dupriez, rue au Pain, 75.
Dutoya, place du Vieux-Marché, 30.
Gatot, rue de Poissy, 9.
Leblanc, rue de Louviers, 8.
Marthouret, rue de Paris, 9.
Noel, rue de Paris, 57.
Quéruel, sous les Arcades.
Tremblet, rue au Pain, 53.

### Saint-Gratien

Gouyer, avenue de Custine, 3.

### Saint-Leu-Taverny.

Dupuis.

### Sarcelles

Bloches, rue de Paris.
Chalot, rue de Paris.

### Savigny-sur-Orge

Danest (V°), Grande-Rue.

### Sceaux-Penthièvre

Olivier, rue Houdan.

### Sèvres

Chaland. Grande-Rue, 41.
Gabreux, rue de Vaugirard, 10
Guery, Grande-Rue; 42.
Léroult, Grande-Rue, 118.
Léon.
Matté, rue du Château, 21.
Philippon.
Robin, Grande-Rue, 84.
Jalamby, Grande-Rue, 63.

### Soisy-sur-École

Hirtz.

### Stain

Aubourg (V°).

### Sucy

Danne.

### Taverny

Lendron.

### Thillay

Dubois Frédéric.

### Valenton

Morel, Grande-Rue.

### Vaujours

Jannin.

### Verrière-le-Buisson

Mouriou.
Seguin, Grande-Rue.

**Vert-le-Grand**

Fontaine.

**Viarmes**

Boucher (V·).

**Ville-d'Avray**

Gaillard, Grande-Rue.
Vautrin.

**Ville-Dubois (la)**

Trottin (Louis).

**Villeneuve-Saint-Georges**

Chevillon, Grande-Rue.
Cornuet, Grande-Rue.

**Villiers-le-Bel**

Bergeot.
Rombeau fils.

**Viroflay**

Perreux.

**Wissous**

Arnout.

**Yères**

Cornuet, rue de Paris.

---

# SEINE-INFÉRIEURE

**Rouen**

Adrien, rue Ganterie.
Augé, cours Boïeldieu, 3.
Baubigny, rue Jeanne-d'Arc.
Béchon, rue Harengris.
Béchon, rue Nationale, 4.
Belæf, rue d'Harcourt, 7.
Bocage, rue des Charrettes, 32
Brasseurs, rue des Carmes, 165
Calebrix, rue Jeanne-Darc, 95
Delaplace, pl. Impériale, 3.

Desleux, rue aux Juifs, 55.
Dicquemarre, r. St-Nicolas, 39
Douyer, rue des Faux, 1.
Georg. Kock, r. aux Juifs, 14.
Hébert, rue Rollon.
Laurence, rue Jeanne-d'Arc.
Letiet, quai de Paris, 29.
Julien, r. des Bons-Enfants, 31
Leclerc, rue Cauchoise.
Lepage, rue du Renard, 3.
Letouzé, rue des Bons-Enfants, 97.
Lhomme, r. des Charrettes, 54
Mainguez, rue du Champ-des-Oiseaux, 3.
Martin, r. Impériale, 78.
Mercier, rue du Regard, 3.
Mille, rue Orbe, 30.
Paris, rue du Bac 1.
Pitette, rue Impériale, 74.
Piel, rue Grand-Pont, 13.
Philippon, rue aux Ours, 4
Roger, rue Pavé, 44.
Roussel, quai Napoléon, 94.
Souchet (Edmond), rue des Carmes.
Thuloup, rue Saint-Vivien.
Vaulegard. rue aux Ours, 89.
Victor, r. de la Savonnerie, 14.

**Bolbec**

Auffray.
Demoine (Vᵉ).
Ecombat, place du Marché.
Goyer.
Follet, rue des Carmes, 38.
Marie.
Marical (Mlle), Grande-Rue.
Pertujon fils, rue du Port.

**Caudebec-lès-Elbeuf**

Jouanne (V·).

**Dieppe**

Benard, rue de la Barre, 48.

Bréant, rue de la Martinière.
Calbrix, rue de la Halle-au-Blé, 6.
Castillon, Grande-Rue, 16.
Delahaye (V⁰), r. des Bains, 3.
Delarose, r. de Monbardie, 6.
Fresange, Grande-Rue, 95.
Gosselin, rue des Maillets, 12.
Gourd, rue Vauquelin, 12.
Gourü, rue Guerrier-au-Gollet, 1.
Herbland, rue Duquesne, 8.
Hédéit, rue du Bœuf, 4.
Labsolu, rue Duquesne, 3.
Lavergne, rue St-Jean.
Lefebvre, quai Henri IV, 3.
Mezaise, Grande-Rue, 127.
Ovière (Vᵉ), quai Duquesne, 8.
Report, quai Henri IV.
Salignon, Grande-Rue, 7.
Soullard, grande rue de Pollet, 101.
Verderette. rue du Bœuf, 30.

### Elbeuf

Abbaye, rue de la Barrière.
Baribeau, r. de la Barrière, 91.
Cauchois, rue St-Jean.
Chevalier, rue Royale, 87.
Follin, rue de la Barrière, 78.
Guérin, rue Maurepas.
Guermont rue Maurepas.
Lepetit, rue de la Barrière, 16.
Mansion, rue de la Barrière.
Martin, rue Royale, 17.
Papavoine.
Pilat, rue St-Jean, 102.
Prevost, place St-Louis.
Ruelle, rue St-Jean.
Selmy, place du Calvaire.
Vilecoq, rue Louviers.

### Eu

Cardon.

### Fécamp

Baubigny, près de la Baie.
Gervais, r. du Vieux-Marché.
Jeunne, rue du Marché.
Pothier.

### Gournay

Fleury.
Gromas, rue de Dieppe, 1.
Martin, r. de la Halle-au-Beurre
Mianay.
Rousset (Alphonse).

### Havre (le)

Batagne, rue Royale, 59.
Belmer, q. du Pied-de-Vigne.
Bultel, r. de la Communauté, 45
Burel (Albert), r. de la Comédie
Chavantre, r. de la Fontaine, 36
Charon, rue Caroline, 21.
Chevalier, r. d'Ingouville, 10.
Dame (Jules), r. Fontenelle, 4.
Fauchon, r. d'Etienauville, 30.
Fourcade, rue de Paris, 27.
Fribourg, gr. rue d'Ingouville.
Gancoa, r. de Normandie, 117
Gérard, rue de la Côte.
James, pl. Napoléon III.
Jules Cathaugru, rue de l'Hôpital.
Leclerc, Grande-Rue.
Lecoq, r. de l'Hôtel-de-Ville, 4
Leroux, place de la Comédie.
Lezean (Vᵉ), r. des Pincettes, 38
Liotard, rue de Paris. 141.
Manoury, rue de Paris, 117.
Massé, rue Caroline.
Mullet, place Louis XVI.
Paquelet, rue de Paris, 84.
Eugène, rue d'Orléans, 48.
Radiguet, rue de l'Hôpital, 65
Roussel, r. de Normandie, 117.
Smith (Georg ), r. de Paris, 134
Tessier, rue Dauphine, 57.
Tifonay, rue St-Jacques.

### Malaunay

Campart, rue de Dieppe.

**Montivilliers**

Evote, place de l'Eglise.
Gasselai, rue Royale.

**Neufchâtel**

Duvivier.
Pelvey.

**Saint-Romain**

Fauvel fils.
Octave Piat (Mlle).

**Saint-Valéry**

Panel (aîné).

**Yvetot**

Bail, rue Val-la-Viffe.
Guermont, r. des Victoires, 3.
Robion, rue du Calvaire.

---

# SÈVRES (DEUX-)

### Niort

Baisse, rue du Temple.
Bazin, rue des Halles.
Bessa, place du Temple.
Boutard, pass. du Commerce.
Baigneau, rue Duminage.
Gatinau, rue Duminage, 29.
Olivier, rue St-Gelais.
Prévoteau, rue du Pilori, 2.
Proust (Hyacinthe), passage du
  Commerce, 9.

### Bressuire

Brunet.

### Brioux

Fleurei.

### Champdeniers

Chevalier.

### Melle

Montemps.
Bouguin, rue des Epingliers.
Garnier.

**Motte-Saint-Héraye (la)**

Bougoin.
Guittet.
Marsac.
Refauvellet.

**Saint-Maixent**

Bernasset, rue Chalon.
Cravatte, rue Chalon.
Dufour, rue Chalon.

**Thouard**

Clément (Philippe).
Dalibon.
Esserteau.
Jardin.
Paindessous.

---

# SOMME

### Amiens

Aubert, r. d. Trois-Cailloux, 62
Battu, r. d. Trois-Cailloux, 51.
Bellière, pass. du Commerce.
Benard, rue des Orfevres.
Brare-Sellier, r. Noyon, 53.
Cailly, r. d. Trois-Cailloux, 30.
Caruel, rue St-Leu, 14.
Catel, place St-Firmin, 5.
Darres, rue des Jacobins, 26.
Dubois, place Périgord.
Dufour, rue St-Jacques, 6.
Filliot, esplanade du faubourg
  Noyon, 36.
Fournier, rue des Gantiers.
Fournier, rue St-Leu.
Huleux, gr. rue de Beauvais.
Herbette, rue Henri IV, 14.
Létoffé, rue des Rabuissons, 7.
Lhomme, rue de Beauvais, 26.
Machu, r. d. Trois-Cailloux, 55
Mouret, r. d. Chaudronniers, 27
Pinchon, rue des Jacobins.
Pinsonnat, place St-Denis.
Pourcelle, rue Duméril, 20.
Reynaud, gr. r. Beauvais, 72.
Venet, place Saint-Denis.

### Abbeville

Dubos, rue St-Gilles, 2.
Longavenne, rue des Lingers.
Mory-Fauvel, r. St-Villefranc.
Prost, rue St-Gilles.
Tilollois, chaussée du Bois, 25.
Herbert, rue St-Gilles, 13.

### Ham

Blot,
Fournier, rue de Meaux, 37.
Hanaut.
Henry.

### Montdidier

Dieu.
Vasseur-Petré.

### Nesle

Jérôme.

### Peronne

Thibaut, Grande-Place, 13.

---

# TARN

### Albi

Cavagnasse, rue Mariès.
Jeanty, rue Ste-Cécile.
Mazons, faubourg du Pont.
Mercies, rue du Timbal.
Mouette, rue du Timbal.
Sicard, place de la Préfecture.
Taurines, place du Ligeon.
Testot, rue de la Mairie.
Vaysse fils, r. de la Mairie, 11.

### Castres

Alquier, Fuzies.
Armengau, place Impériale.
Armengau, r. du Pont-Neuf.
Benazech, rue Ville-Godoux.
Carrière, rue Ville-Godoux.
Cnrayon, rue du Pont-Neuf.
Combes, rue Ville-Godoux.
Combret, rue de la Platé.
Dauzats, rue de la Prison.
Fargues, Grande-Rue.

Frayse, quai de la Portanelle.
Ginestet, Grande-Rue.
Maury quai de la Portanelle.
Nègre, rue Impériale.
Rouan, quai de la Portanelle.

### Caune (la)

Castau.

### Gaillac

Fabre, place de la Promenade.
Miquel.

### Mazamet

Lacoste, rue Soult.
Lagardi, sur le Cours.
Liou, Grande-Rue.
Viguier (Philippe), sur le Cours

---

# TARN-ET-GARONNE

### Montauban

Allard, rue des Couteliers.
Cramant, rue des Carmes.
Dejean, rue du Vieux-Palais.
Déjean, r. des Mille-Colonnes.
Hourtigué, rue des Cordeliers.
Lagravère, place d'Armes.
Lavitry, rue Grand-St-Louis.
Lavigny nev., r. des Cordeliers
Lavitry jeune, faub. Toulou-
 sain.
Montoury, rue St-Louis.
Porté, rue du Greffe.
Rafine, rue Sénéchal.
Sant, place d'Armes.
Théduc, rue Montmirat.
Valadié, Grande-Rue-St-Louis

### Castel-Sarrasin

Borderie.
Mondoulet.

### Moissac

Belloc, place de la Mairie.
Brune, rue Ste-Catherine.
Capdordi, faub. St-Jacques.

Collombier.
Gombes, faub. Ste-Blanche.
Danis, r. de la Sous-Préfecture
Labrène, place de la Mairie.
Labroue, faub. Saint-Martin.
Monier, place de la Mairie.
Orliac, quai du Port.
Philippe, faub. Ste-Blanche.
Vidal, rue Sainte-Catherine.

### Valence-d'Agen.

Nègre, r. Xavier-Moulinq.
Rousière.
Rournés.

# VAR

### Draguignan

Aragon, rue de l'Évêché.
Bonnet, rue du Collége.
Buisson, place du Marché.
Faye.
Fouque, place du Marché.
Guérin.
Moul, rue du Collége.
Nicolas.
Pélisier.
Sanglar, rue du Collége.

### Beausset (le)

Barthelmy.
Synarh.
Sicard.

### Brignoles.

Brun.
Hugues.

### Hyères,

Amidéo.
Laugier.

### Lorgues.

Laugier fils.
Randon.

### Ollioules.

Giraud.
Jourdan.

### Seyne (la).

Brunet.
Martin.
Olivier.

### Solliès,

Bernard.
Brène.
Morin.
Vaccon.

### Toulon.

Agliani, rue Lafayette, 108.
Andrieux (Cyp.), r. Bourbon, 62
Albenzy, r. des Chaudronniers
Baliste, sur le port.
Blanc, sur le port.
Bouffier.
Caverivière, Champ-de-Mars.
Charbau (Fr.) r. Royale, 21.
Cicéron, place Blancart, 18.
Daumas, place d'Armes.
Geoffroy, place d'Armes.
Guer.
Fuillon, r. St-Jean-du-Var.
Guillon cadet, rue de l'Arsenal.
Jerieu, r. de la Miséricorde, 3.
Léon.
Loudet aîné, place au Foin.
Lyon, place Saint-Pierre.
Maille (Vict.), r. Pavé-d'Amour
Madon, rue de l'Arsenal.
Maurand. r. St-Sébastien.
Monier, rue Royale.
Oblet, Hôtel-de-Ville.
Poutu, place au Foin.
Roux, rue Saint-Jean-du-Var.
Servannat, rue Lafayette, 64.
Silévi, rue Royale.
Trouin, rue Royale, 23.

### Vallette (La).

Daunadey.
Jullien fils.

## VAUCLUSE
### Avignon.

Bertet, place de l'Horloge, 7.
Bigot, pl. du Change.
Grosjean, rue Saint-Agricol.
Laurent, pl. de l'Horloge, 11.
Laune, rue des Marchands.
Masset, place de l'Horloge, 13.
Malcletz, rue Saunerie, 43.
Roche, r. des Marchands, 3.
Roubeaux, r. d. Marchands, 13
Sabatier.
Sophocle, rue Saint-Agricol.
Terron, rue Limas, 1.
Verdet, rue Galante, 3.
Vigne, place Pie, 13.

### Carpentras.

Burle, Grande-Rue.
Gent, Grande-Rue.

### Cavaillon.

Bonami, place aux Herbes..
Estro, place des Dominicains.
Florentin-Berthet, pl. d. Dom.

### Orange.

Bressy, r. de l'Ange.
Coulomb, rue du Pont-Neuf.
Robert, rue Fusterie.
Serre, rue du Pont-Neuf.

## VENDÉE
### N. poléon-Vendée.

Amiot.
Berthoi.
Bourguals.
Cholet.
Foustier.
Georget.

### Fontenay-le-Comte.

Charron.
Loiseau, rue Royale.
Lussaud, Grande-Rue.

Massé, passage de l'Industrie.
Merlaud.
Picard, rue Royale.
Roy, rue Royale.
Simon.
Tiard.

### Luçon.

Bourdassol.
Faucher-Armand.
Fauger-Omer.
Pouzin.

### Sables-d'Olonne

Lecouran.
Machars.
Fouché fils.

## VIENNE
### Poitiers.

Aurien Vallet, place d'Armes.
Bouchet, r. St-Porchère, 20.
Carzan (Ve), r. des Tr.-Piliers.
Couturier, rue des Jacobins.
Debesse, place d'Armes.
Dulepine, rue de la Chaine.
Guépin, rue St-Étienne.
Landry, rue de la Regratterie.
Suneteau Olivier r. St-Franç.
Massé, Grande-Rue, 11.
Morel, r. du Marché-St-Hilaire
Perfot, r. des Cordeliers, 22.
Roulleau (Eugène), rue de la
    Place-d'Armes.
Son-Desmales, r. St-Porchère
Thibaut, place d'Armes.

### Chatellerault.

Barbot, Grande-Rue.
Berthommier, boulev. Blossac.
Genet, rue Bourbon.
Lespagny, rue Bourbon.
Marnay, rue de la Boucherie.
Pigeot, boulevard Blossac.

### Chauvigny.

Fillot, rue de l'Église.

Gazeau, rue de l'Église.
Martineau, rue de l'Église.

### Civray.

Brugier, Grande-Rue.
Dupont, rue des Arts.
Girard, Grande-Rue.
Rouileau, rue des Arts.

### Loudun.

Broquier.
Mortier.
Sauvant.

### Lusignan.

Rassinoux.

### Montmorillon.

Thabutau.

### Ormes (les).

Besse-Blanchard.

### Saint-Savin.

Magnon (G), rue Saint-Louis.
*(Médaille de bronze.)*

---

# VIENNE (HAUTE-)

### Limoges.

Anaclet, b. de la Promenade.
Bardon, rue Manigne.
Beaulieu, r. de la Promenade.
Boyer, place Dauphine.
Breuil, rue Manigne.
Broussaud, place d'Aisne, 2.
Daubisse, rue des Taules.
Dartigne, rue du Clocher.
De Bernard, faub. des Arènes.
Decou, rue Haute-Vienne.
Denis (Veuve), r. St-Valery.
Denis, rue Saint-Esprit, 5.
Derogant, b. de la Promen.
Desjacques, place Royale.
Devoyon, place Manille.
Dumaneuf, rue Saint-Martial.
Leruc, rue Fourie.

Mallet, rue du Consulat.
Martin, boulevard de la Poste.
Peyto, rue de Paris.
Treche, place Dauphine.
Vergne, faub. des Casseaux.
Vernon, rue Sainte-Valerie.

### Bellac.

Berger.
Daza.
Genebrias.

---

# VOSGES

### Epinal.

Blancheville, rue de la Maix.
Blancheville A., r. Léop.-Brg.
Blancheville J., rue de l'Église
Birker, place de l'Atre.
Cacoin, rue Rual-Ménil.
Demange, r. Entre-d.-Portes.
Jeandel, faub. d. Bons-Enfants
Jeandel, rue Rual-Ménil.
Lépine, place de l'Église.
Levandel, faub. de Nancy.
Michel, rue du Pont, 9.
Pierce, place des Vosges.
Vallet, rue Léopold-Bourg.

### Mirecourt.

Gartelier.

### Neufchâteau.

Geoffier.
Plentout.

### Rambervillers.

Benel.

### Raon-l'Étape.

Amasse.

### Remiremont

Benjamin.
Duchamp.

## YONNE

### Auxerre.

Barré, rue du Temple.
Baudey, quai Condé, 23.
Chartier-Bonroy, pl. d. Font.
Charier (Alex.) r. N.-Dame, 12
Chatte (aîné), rue de Paris, 27.
Lhevreau, place aux Liens.
Delorme, rue du Pont.
Gatellier, rue du Pont, 103.
Jeanniot, rue du Pont.
Leclaire.
Labessède, rue Fannerie, 2.
Larrible-Clém., r. de Paris, 12
Millon, rue du Temple.
Soudais, rue du Pont.
Thomas, place aux Liens, 4.
Vaillant, r. de la Fannerie, 26.

### Aillant-sur-Tholon.

Prosper Saguin.

### Avallon.

Balily, place du Grand-Cours
Bourdillat.
Monnot.

### Briennon.

Clerin.

### Joigny.

Benoist, Grande-Rue, 39.
Bondoux, rue Montant-au-Palais, 37.
Jannin, faubourg du Pont.
Leblanc-Demange, Gr.-Rue.
Leblanc, Grande-Rue.

### Pont-sur-Yonne.

Bachelet.
Cornian.
Depernay.

### Saint-Florentin.

Frédéric-Guillaume.
Ricard.

### Saint-Sauveur.

Terrier.
Pradier.
Guernault.

### Sens.

Bertoux, r. Laurencin, 34.
Coydon, rue Royale, 11.
Gey (Alix), Grande-Rue, 97.
Jourde, rue Royale.
Marc, faub. Notre-Dame, 7.
Payen, faubourg d'Yonne.
Picard, rue Dauphine, 16.
Picon, Grande-Rue, 14.
Roy-Coste, rue Thenard.

### Tonnerre.

Gigoux, place du Centre.
Houdry, rue de l'Hôpital.
Renaud, place du Centre.

### Villeneuve-la-Guiarde.

Benard-Menin (art. en chev.)
Corman.

### Villeneuve-sur-Yonne.

Magloire-Lemoine.

# COLONIES FRANÇAISES

## ALGÉRIE

### Alger.

Alberty, rue Bab-Azoun.
Alexis, rue Bosa.
André, r. Hussein-Dey.

Arrault, rue Bab-el-Oued.
Asensio, rue Trois-Couleurs.
Baillet, rue de Chartres.
Barberis, r. du Vieux-Palais.
Blanc, rue Juba.
Bonardin, rue de Chartres,
Boué, galerie Napoléon.

Bremont, à l'Agha.
Camileri, rue Mahon.
Casau, rue Napoléon.
Bazar, rue Bab-el-Oued.
Chamonard, à Mustapha.
Chapert, rue Marine.
Contival, à l'Agha.
Dajetti, rue Rovigo.
Floret, rue Rovigo.
Fremin, rue Bab-el-Oued.
Giardino, rue de la Marine.
Guidicelli, rue Philippe.
Jean, à Mustapha.
Jordano, rue Casbah.
Jourdain, rue d'Isly.
Latreille, rue Mahon.
Louis, rue de Chartres.
Marfangon, rue du Divan.
Martin, rue Bab-el-Oued.
Maurice, rue Bab-el-Oued.
Michel, rue Napoléon.
Michel. rue Bab-el-Oued.
Olivier, r. d. Trois-Couleurs, 4
Pérès, rue Mustapha.
Philippe, rue Bab-el-Oued.
Queroy, place du Gouvernem.
Trousse et Vertuel, pl. du
   Gouvernement.
Trucy, rue Bruce.
Valé, rue Napoléon.
Valence, rue Duquesne.
Vié, rue Bab-Azoun.

### Blidah.

Cazenave, rue d'Alger.
Ces, place d'Armes.
Conte, place du Marché.
Materne. place du Marché.
Philippe, place d'Armes.
Siré, place du Marché.

### Boufarik.

Cerméno.
Douzent. — Mouret.

### Guelma.

Malbert, rue Saint-Augustin.

### Médéah.

Broussier, place du Marché.
Cabasson, place de la Casbah.
Rolland, place du Marché.

### Miliana.

Blanc.
Granet.
Jourde.

### Orléansville.

Bardotti.
Jourde.

# PROVINCE
# DE CONSTANTINE

### Constantine.

Barberi, rue Damrémont.
Baron, rue d'Orléans.
Flopin, rue Damrémont.
Fourniol, rue Damrémont.
Jacques, rue Caraman.
Lieutaud, rue d'Aumale.
Ravet, rue d'Aumale.
Roumagnac, r. Caraman.

### Bône.

Cherrier, rue Damrémont.
Delaye, place d'Armes.
Péjouan, rue Damrémont.
Terrier, rue de la Marine.

### Bougie.

Baptiste, rue d'Alger.
Daris, rue d'Alger.

### Philippeville.

Beaufort, rue Royale.
Cati, rue Impériale.
Dumontheil.
Marcelin, rue Impériale.
Poisson, rue Impériale.

### Setif.

Bouillier, Grande-Rue.
Cassan, Grande-Rue.
Gauthier, Grande-Rue.
Dumonthoil, Grande-Rue.

---

## PROVINCE D'ORAN

### Oran.

Belcourt, rue Oudinot.
Bouchard, boulevard Oudinot.
Cortijac, rue de la Marine.
Dagnon, rue Philippe.
Étienne, à la Mosquée.
Laffitte, rue Philippe.
Martinez, rue d'Orléans.
Olivier, passage Maufrais.
Pons, rue Napoléon.
Sigonnel, place Kléber.
Véra, à la Mosquée.
Vivès, rue Philippe.

### Mascara.

Bourron.
Portal.

### Mostaganem.

Lasserre.
Leroux.
Tourron.

### Sidi-bel-Abès.

Brun.

### Tlemcen.

Bernard.
Jean-de-Dieu.
Marguillan.
Roux.
Vera.

### Saint-Denis.

Camoie j. et Château, r. de
l'Église.

---

# NOMS ET ADRESSES

# DES COIFFEURS DE L'ÉTRANGER

---

## ALLEMAGNE

### Bade-Bade.

Heer, Grande-Rue, 133.
Kraft.
Lorentz.
Schweizer, Grande-Rue, 49.

### Brême.

Ernest Duchling.

### Etteldruck.

Rirsch.

### Heidelberg.

Jean Blaum.

### Munich.

Albert Muller, r. de Ressidens
Arensberger, Knhbogen.

Fritz Muilor, rue Lindwig.
Fritz Speier, rue de Perusa.
Ferrari, place de Chart.

---

## WURTEMBERG

### Stuttgard.

Haas.
Sedlmager.
Sieger.

---

## AMÉRIQUE

### BRÉSIL

### Rio-Janeiro.

Aug. Claude, r. Douvidor, 73.
Chesnau, rue Douvidor, 94.

Bernardo-Ribero de Cunha, successeur de Delperh, coiffeur de LL. AA. II. et RR., rue Douvidor, 80.
Bonneau (A.). r. Douvidor 37.
Cassemajou, rue Douvidor.
Ch. Guignard. r. Douvidor, 57
Léon Desruine et Desmarais, coiffeurs de la Cour, rue Douvidor.
Metge. rue d'Alfodega, 14.

### Bahia.

Balalai.
Lana.
Laplagne et Declerck.
Legale (Pierre).
Pasturel.

### Buenos-Ayres.

Cortèse-Cayetano.
Ory )Adolphe).
Petit
Rabier.
Ramodene frères.

### Fernambuco.

Hervelin.
Lecomte (veuve).

### Rio-Grande.

Favaret.

---

## CALIFORNIE
### San-Francisco.

Gillet (Constant).
Monc (Charles).
Rivière (Arthur).
Wilson (John).

---

## CHILI
### Santiago.

Dumirail (Gustave).
Jardel (Julien).
Vielfond. Bernard.

### Valparaiso.

Blondet.
Evrard et Ce.
Vautier (Alexandre).

---

## NOUVELLE-GRENADE
### Santa-Fé-de-Bogota.

Saunier, quai Linot.
Devotine.

### Panama.

Minski (Adolphe).

---

## URUGUAY
### Montevideo.

Gaudeler et Tricon, rue du 25 Mai, 129.
Ory (Adolphe).

---

## ÉTATS-UNIS
### Washington.

Alliot (E.), Pensylvania, av.
Arth (C.). 306. C. North.
Bonitz (H.), 136, Bridge-St-Georgetown.
Bruce, 454, Pensylvania, av.
Chanier, 402, J. Nort.
Cosley (H.), w. 388, D. Nerth
Crittenden, 116-13, west.
Dawson (C.), 3747 th-st. west.
Demongeot, 10 th-st. Pensylvania, av.
Dubois, 356, Pensylvania, av.
Espinta, E 642 E. 8th.
Evans (B.), 178 Bridge-st.
Fisher-Simon, 591 w. 7th-s.
Francisco (P.), 571 E. 716-s.
Grupinger, 93 big Georgetown
Hasler (C.). 414 E Nort-st.
Leutner, 596 Pensylvania av.
Mavers, (G.) 496 Pensylvania
Miller, Pensylvania av. Near seventh-st.

Piro (C.), Market Space.
Saur (G. C.), 497 w. Seventh-
Sandner, 64 Bridge-st.

**New-York.**

Bachmann Henry, 169, av. B.
Ball (Jehn), 232, w. 25 th.
Ballard ·Or.), 483, Broadway.
Bandel (Charles), 203, Mott-st.
Betchelot Wiliam, 16, Mond-s.
Beck (Georges), 165. Third-st.
Bennet (Jacob), 472, Grand-st.
Bergmam (J), 351, second av.
Blanchard (H), 5, Catherine st.
Boes (Peter), 41, avenue B.
Bosse (Louis), 201, w 17 th.
Buckley (M), 373., Broome-st.
Camp) William), 15, Williams.
Chapple (Wil.), 221, Centre-st.
Colby (John), 60, Ninth, 37.
Dahl (Michæl), 660, Ninth. av.
Dartois (L.B.), 354, White-st·
Deheck, 672, Washington st.
Demand, 598, 1/2, Gradd-st.
Lenis (Amity), 718, Broadway
Diblee (Will), 854, Broadway.
Diecle et Winter, 52, Essex-st.
Dougal (John), 348, Sixth. av.
Duuzer (Jos.). 430, Fourth. av.
Dupuis, 912, Broadway.
Eckart (J.), 479 1/2, Sixth. av.
Ernest (Mic). 643, Hudson-st.
Farris (James), 265, Eighth. a.
Ferger, 65, Greenwich, av.
Filliam (Nicolas), 5, Market-st.
Florence, 584 /2, Eighth, av..
Flury (Henry), 333, Tenth st.
Forster (Jac.), 107 1/2, av D
Franklin (Daniel), 30, Ann-st.
Frey (John), 245, First av.
Gall, Eleventh, av. n. w. 45 th.
Garrigan (Ow.), 144, Cherry-s.
Gentil, 703, Broadway.
Gibson (James), 85, Bleecker-s.
Girasdon (Ros.), 145, Sixth av.
Glas (Charles), 93, Duane-st.
Gray (Georges) 379, Ninth. av.
Grimm (Gust., 759, Eighth D.

Hafner (Andr.), 118, Cherry-s
Hahn (Philip), 28, coll. Placa.
Harvey, Third, av. n. E, 122, s
Hedler (Gust.), 107, Sixth-st.
Held (Peter), 308, E. 13, th.
Hempel (J.M.), 590, Fourth-st
Henry (Abraham), 9, Murray-s
Hil (William), 1, Barclay-st.
Hope (Peter) 814, sixth av,
Huter (John H), 243, sec.-st.
Isabeau, 815, Broadway.
Jackson, 304, Carmine-st.
Jedson (Louis(, 248, Canal-st.
Jetter (Phil.), 450, Broadway.
Jones (Henry). 29, Jay-st.
Kalmann, 319, Rhird. av.
Klein (Charles), 519, Fourth-s.
Kope (John F.) 89, Hester-st.
Kraus, 7, west Broadway.
Laine (Victor), 66, Chatam-st.
Laird, w., 488, Broadway.
Leroy (Michel), 189, Hester-st
Ludwige, Bourlier, 995, Broad-
way.
Lutz, 148 1/2, Division-st.
Marc (Andrew), 402, Barc.-st.
Messinger, 38, Wooster-st.
Meyer, 26, Second av.
Miller (Thom.), 68, w. 22, D.
Muller (John, 24, Stanton-st.
Neuman (Mat.), 38, Rutg.-st.
Ohiweller (N.) 174, w. 32 D.
Despotte. 15, w. houston-st.
Peterson, Third, av et 80 th.
Plet (Anastase), 3, Baster-st.
Rafter, 0, Frankfort-st.
Rapp. (Charles), 112, Broadw.
Roth (Ch.), 385, Madison-st.
Rousseau, 337, Broadway.
Schafer (Ant.), 25, cannon-st.
Schiffer (J.), 115, Division-st.
Schlicher, 105, Broadway.
Schmit (John), 136, liberty-st.
Schreiber (John), Fith, av.
    Hôtel, w· 24, th. Broadway.
Seubert (Albert), 116, Lan.-s
Silva (J), 128, East Broadway

Simon (Phil.), 136, Fulton-st.
Stang (Fr.), 392, Canal-st.
Steil (Jacob), 195, Hester-st.
Stoffel (William), 1 Sev.-st.
Strauss, 351, E. Houston-st.
Shompson, 450. Greenwich-st
Tonsor (John P.), Ludlow-st.
Vatel (Eug.) 818, Broadway.
Wagner (Henry), 42, Bayard-s
Warner (Xav.), 559, Sixth-st.
Werner, 110, Greenwtch-st.
Wilkens, 348, Sixth av.
Winter, 52, Dominick. st.
Wogt (Valentin), 22, Broome-st
Young (Peter), 103, Ninth, ay.
Zickler (Th.), 49, Stanton-st.
Zolger (Adam), 168, w. 42. D.

### Boston.

Corrao, Pleasant-St, Fall River.
Canegaly, 267, Vashington-st.
Deming et Rexon, 1 Exchang.
Dyer (E), 141, Washington.
Demands, Desv., near state-st
Emerald, J., Elm-st., City of
    Laurent.
Flechar, Albany-st.
Gardner (H. A.), Hanover-st.
Herchenroder, F. Washington.
Hadley et Prime, Court square.
Hadley (S.), Bolyston-st.
Hadley (H.), Devonshire-st.
Hadley (J.), Devonshire-st.
Howard, United States-hôtel.
Mason (C.), Hanover-st.
Moôney Revere-House.
Madine, Oakst, City of Lau-
    rent.
Newhall. (N). Hanover-st.
Nolter, Harkerhouse, School-st.
Pyckaus, Elm-st, City of Lau-
    rent.
Robinson, Congress, square.
Sacket (A. N.), Exchange hô-
    tel, Springfield housse.
Schreibel (J.), Tremont.
Schremor, Tremont-hôtel.
Shaw, Brattle square.

Shute (B.), 31, Congress-st.
Sparell, Niles Building.
Sparell, Tremont-st.
Taylor, Hanover-st.
Tyler, 96, Tremont-st.
Uise (J.), 1, Beach-st.
Wagner, Honover-st.

### Missouri.

Miller, Chestnut, bet. thir and
    Fourth.
E. Paillou, Morgan street Boon-
    ville.
Pineau, Saint-Louis.

### Nouvelle-Orléans.

Augé, Canal.
Bermel (G.), rue St-Charles.
Baraud, rue Royale.
Brauss, cor Royal et Duane-st.
Delorme, 72, St-Charles-st.
Ditely, c. Royal and Moine-st.
Fassy.
Fix (J.), Corner et Royal Cus-
    tomhouse.
Hambermer, Jacksen-st.
Kobbel, P. 49 York.
Mealin, 7, Royal Bet. St-Louis.
Moreau, cor. St-Charles.
Olive Martial.
Pampinella Choupitoulas.
Rolland, 42, Chartres Street.
Saron, 208, Barone-st.
Shahal, Canal-st.
Taylor, hancerv.
Trouilly, rue de Chartre, 63.
Victor, rue St-Charles.
Wiès (Charles), 207 Louisiana.

### Philadelphie.

Cabale, 13, South Niuth.
Dolard, Chesnut Bet. 4 th et th.
Druck Butternwood-st.
Fonteneau et Salles, 1027 Ele-
    venth.
Foudalou, (M·), 311, Sprince-st.
Gutknst, L. Fourth-st.
Hutois, 213, South ninth.

Jollivet,(C.),1314, Chestnu-str.
Ladd (G.), Fourth-st.
Lafore (A), 36 th South-st
Mecrowel, 102, South-st.
Murtel (C.), 802, Valmut-st.
Siegfried, Ninth-st.
Sora (A.), 34, Ninth-st.
Williams (J.), Market-st.

## ÎLE DE CUBA
### Havane (La)

Adolphe, c. del Jardin Haba-
  nero.
André.
Dubic et Armengol, calle del
  Obispo, 103.
Jules et Cie, maison Victor-
  Vatier.
Lasalle, calle del Obispo, 68.
Marius José, c. del Obispo, 131
Martinó, calle d'Orelly.
Marlineau, rue de l'Évêque.
Pradeo (Thomas).
Taillefer, calle del Obispo.

### Matauzas.

Léon Labb.

## MEXIQUE
### Mexico.

Alexandre, calle Platerez.
Antonin Burin, calle Platerez.
Beltrand, calle Platerez.
Beltrand, calle Platerez.
Brocard, rue San Francisco.
Escabasse et Cie.
Francis.
Montauriol, calle Platerez.
Young et Pedro Gaspar.

## PÉROU
### Lima.

Durand, l'Escone.

Gavard et Gonet, c. Mercader.
Larroque, calle Mercader.
Lefresne, plateros de S. Pedro.
Mabillof (Henry), r. Lamontas.
Lord (Gustave), r. Espaderas.
Violle, rue de Rodegones.

### Thenac.

Sansac.

## AUTRICHE
### Vienne.

Brunner, Favoritenstrasse.
Fahrbacher, coiff. de la cour.
Fraben, Graben, 6.
Fortmüller, Bürgerspital.
Hipp. Coignard, r. Royale, 645.
Hippolyte, Kortnerring., 4.
Ig. Schneeweiss, Haidens-
  chuss, 1 et Gaglergasse, 3.
Little, rue de Résidence.
Meiy, place du Rab, 3.
Rouland, rue Royale, 61.
Schuster, Mariahilferstrasse.

### Manheim.

Scroder, F. 2. N° 16.
Kanfhaus.
Scbuccbergert.
Ristner.

## BOHÊME
### Prague.

Ch. Kapiczka, r. d. Jésuites,
  147.
Schindler.

## GRANDE-BRETAGNE
### Londres.

Alexandre Morel, 9, Vertburn-
  Growe.
Augusto, Park Side, 5.
Brown, Fenchurch street.

Beck, Melbourne street.
Blanchet et Masset, Fenchurch-
street-City.
Bond, Marble-arch.
Bonnet, Uper Berkeley st., 27.
Boulier, macclesfield-st. Soho, 9
Brandt, Victoria Road.
Carles, Newbond street.
Carrozi, Park street.
Cavalier, 30, Davies street,
Berkeley-Square.
Cénac, Madox street.
Clark Viego, Regent street.
Colin et Prouts. Reg-Street, 223
Conteau, Brompton.
Cohors, 63, Princes Street Lei-
cester-Square, w.
Courteille (Eugène), 20, Uper
Baker, Regents park.
Deroussen, 17, Uper Baker
street, 12.
Douglas, Vew Bond street.
Festa, 13, Charles street Gros-
venor square.
Frédéric-Diemer, dans la cité
Gracechurch, street.
Gerard, Regent st Quadran, 91
Gibbins, King-street-St-James
Hulet, Burlington arcade.
Isidore fils, Bintinck-Manche-
ster-square.
Isidore Ville, Park street.
Jouvelet Philippe, 160, Bromp-
ton Road.
Langlois, 120, Leadenhal str.,
city.
Marsh, Piccadilly.
Moritz, Vew-Bond street, 77.
Parsons, Oxfort street.
Peagam, Hing street, 22.
Plaisir, Duke street, Grosve-
nor Square, 5.
Regnier (Al.) Grauy, succ.,
coif. de S. A. la princesse de
Saxe-Weimar, 66, South
Audley, Street-Grosvenor-
Square.

Ronco, Regent street, 267.
Ross, Bishopsgate, Within-
street-city.
Sacker, Cheapside.
Sfielton, Fleet-street-city.
Théodore, Sydne Alley.
Thiellay, Charing Croos hôtel, 55
Thiery, Conventry street Hay-
market.
Trufitt, Burlington arcade.
Trufitt, Old-Bond street.
Unwin et Albert, 24, Piccadilly.
Winter, Oxfort street.
Wright, Upper street, 196.

**Bath.**

Finigan.
Haeey (Mc).
Molle (Henry), Milson street.
Stockman, Milson street.

**Liverpool.**

Backer, Bold street.
Bioleti, Bold street.
Powell, Bold street.
Thompson, Bold street.

**Manchester.**

Godsby, King street.
Taylor, King street.

**Preston.**

Pipe, 101, Fishergate.

**Southport.**

Taylor, Lord street 92.

**York,**

Shorsvickers, 12, Bear-Lane
leeds.
Thacer, Vewel street.

**Dublin.**

Birch, 1, Molesworth street.
Black, Capet street.
Byain, Capel street, 45.
Guillaume, Sulfock street.
Healz, 2, Temple Lane.
Kinaggs, 26, College Green.
Lair, Grafton street.
Lekas, Grafton street.
Leeds, Vickers Brigate leeds.

Pruvot (H.), Dolier street, 18.
Durenon, 36, Selnille street.

### Édimbourg.

Pass, Prince street.
Paterson et fils, 95, Prince str.
Roque (Casimir), St-Andrew street.
Stanislas Bourdeaux.
Saintou, Georges street.

### Jersey.

Audoin (Guil.), King street.
Félix, Queen street.
Lewis.

---

## POSSESSIONS ANGLAISES.

### Calcutta.

Secondé.

### Ile de Malte.

Thielay.

---

# BELGIQUE.

### Bruxelles.

Agnessens, rue de la Montagne.
Albert, chaussée d'Ixelles.
Anthoine, r. des Éperonniers.
Bagnez, rue de la Puterie.
Bal, Marché-aux-Peaux.
Bardin, rue de l'Ecuyer.
Beauduyn (Casimir).
Benoit, rue des Dominicains.
Blumenthal, rue l'Etuve.
Roupginsky, rue du Midi.
Carael, rue d'Aremberg.
Carles, Montagne de la Cour.
Charles, Montagne de la Cour.
Charlier, rue des Alexiens.
Coolfs, rue de Brabant.
Codrons et Barato, M. de la Cour.
Cools (Al.), r. des Poissonniers.
Cornélie, r. de l'Hôtel-de-Ville.
Cosse, rue des Petits-Carmes.
Gras (fils), p. r. des Bouchers.
Debinche, rue Neuve.
Decraene, rue de Londres.
Declerq (Henri), r. des Pierres.

Dressens-Verschaeren, Marché-au-Bois.
Decorte, rue du Prince-Royal.
Degol (père), rue des Sols.
Delcroix, Marché-au-Bois.
Depestel, chaus. de Waterloo.
Deruyter, rue Rogier.
Dissex, place de la Monnaie.
De Vacht, rue des Eperonniers, 2 (breveté du Roi).
Devisscher, rue des Bateaux.
Devuyter, rue Nuit-et-Jour.
Everaert, rue St-Lazars.
Finet (C.), rue de l'Hôpital.
François, rue d'Aremberg.
Franckx, rue de l'Évêque.
Feers (Louis, porte de Namur.
Gobbers, rue des Fripiers.
Gobiert, rue de la Montagne.
Goutière, rue de l'Oxome.
Govaertz, rue de la Puterie.
Grazidou, d'Assaut, 13.
Gyselinck, rue de Brabant.
Haffner, pet. r. des Bouchers.
Hebert, Montagne de la Cour.
Heffeninck, rue de Cologne.
Henri, Marché-aux-Charbons.
Henry, Montagne de la Cour, 63.
Hilbertz (Félix), r. de Laeken.
Jambroes et Reps, rue des Grands-Carmes.
Jansens, rue du Midi.
Jonghemans, rue de l'Escalier.
Julien, Montagne de la Cour.
Lappé, rue du Singe.
Legal (Veuve), rue de Brabant.
Lejeune, rue de Laeken.
Lewmans, rue de la Montagne.
Lievens, rue de l'Etuve.
Macabieau (H.), r. Neuve, 48.
Mazy, rue du Midi.
Michaux, rue Grétry.
Moreelz, Marché au Bois.
Morisse, chaussée d'Haeck.
Mottie (L.), r. du Ch.-de-Mars.
Murray, rue de la Fourche.
Niser, rue de Dublin.

Peeters, rue des Chapeliers.
Praneuf, rue des Bouchers.
Peinnickx, **rue d'Or.**
Pletinckx, rue de Louvain.
Ronce (J. f.), rue de l'Evêque.
Rumfels, rue de Flandre.
Ruysheuwels, p. de la Monnaie.
Sehaaff, rue de Namur.
Schaaf, chaussée d'Ixelles.
Slaas, chaussée de Lacken.
Slingeneyer, rue St-Lazare.
Sneugres, rue de la Régence.
Sperlet, p. r. d. Longs-Chariots.
Stumper, rue des Bouchers.
Thys, rue de Lacken.
Tilquin, passage de la Reine, 4.
Turgard, rue de St-Jean.
Van Cleampoil, r. d. Finistère.
Van Denbranden, rue Grétry.
Van Dervondelen, c. de Louvain
Van Dersteen, rue St-Lazare.
Van Leefdael, r. de la Puterie.
Vanseveren, r. du Télégraphe.
Vanruy'reckt, p. -r. au Beurre.
Veerbeck, r. Fossés-aux-Loups.
Weirmans (J.), r. de l'Ecuyer.
Zwyldens, rue de la Rivière.

### Alost.

Deveilder, rue Léopold.
Devos, rue Léopold.
Scoutelin.

### Anvers.

Beyens, rempart du Lombard.
Butin (Laurent), Place-Verte.
Delahaye, rue des Claires.
Delahaye, rempart du Lombard
Deprins, rue des Israëlites.
Deproos-Picat, r. d. Tanneurs
Deprez, r. des Douze-Mois.
Devechten, r. des Douze-Mois.
Donkers, place du Meir.
Elsken, rue de l'Aqueduc.
Erhenso, rue de l'Empereur.
Gretzinger, rue des Tanneurs.
Heremans, plaine du Faucon.
Daman (Charles), place Verte.

Lava, rue aux Zirchs.
Leytens, rue Ste-Catherine.
Pester, rue Coddert.
Pothoof, marché au Linge.
Robion Julien, r. de la Bourse.
Snoch, rempart du Lobmard.
Stewens, marché au Blé.
Stewens, rue des Peignes.
Stoyer, place Verte.
Van Boom, rue de la Station.
Van Denynde, plaine du Faucon.
Van Dendycke, marché au Lin.
Van Dierack, r. des Bouchers.
Van Laer, rue du Bassin.
Van Loock, c.-r de l'Hôpital-
Van Nylen, marché au Blé de
  Zélande.
Van Hæsembrock, rue des Me
  nuisiers.
Vecker, rue des Douze-Mois.
Verbeeck, r. Ste-Catherine.
Verkissen, rue St-Jacques.

### Bruges.

Ardennais, rue St-Jacques.
Demasure, rue St-Amand.
Duyver, rue des Pierres.
Laugerock.
Pecter, rue St-Jacques.
Polsenaere, rue Flamande.
Potié, rue des Pierres.

### Charleroi.

Friquet, pont de Sambre.
Jacqmain, Ville-Haute.
Simon, rue du Collége.
Vidian Péré.

### Courtray.

Brasseur.
Gérit.
Valf Gayay.
Van Dericke.

### Dinan.

Marchal.

### Gand.

Bilkin, pont aux Pommes.

BogaertsVinck, r. de Brabant.
Brulez, rue Brabant.
Deneef, place d'Armes.
Descheirder, rue Courte-de-la Vallée.
Descheirder, rue Digue-de-Brabant.
Honoré, rue du Rabat.
Langerock, rue Brabant, 8.
Lobert, r. Long.-de-la-Monnaie
Coryn (Jules), r. d'Abraham, 4.
Polié, rue du Théâtre.
Remes-Fegt, r. Courte-du-Jour.
Rossel, place de la Galande.
Sabbe, rue des Champs.
Schoulevens, rue St-Michel.
Van Dersteyne, Pt-aux-Pomm.
Verstraeten. Courte du Jour.
Verschaffelt, Marc. aux Grains.
Verwet, r. d. Hauts-Chevaliers.
Vetterck place de la Galande.

### Grammont.

Bruyneel, rue des Pénitentes.

### Huy.

Charlier.
Dupont.
Paque.

### Liége.

Albert-Vanlleempoel, rue du Pot-d'Or.
Arnaud-Roques, p. Lemonier.
Bekkers, rue de l'Université.
Christophe, Vinave d'Isle.
Etienne, rue de la Régence.
Evrard, rue de la Cathédrale.
Gaty (fils), rue St-Paul.
Germay, rue Gerardrie.
Grossard, passage Lemonier.
Guillaume, pont d'Isle.
Joncquet, rue de Bruxelles, 2.
Lang (M⁰(, r. de la Cathédrale.
Mayer, rue Gérardrie.
Michel, rue Meuse.
Michel, pont d'Isle.
Michel, Puits-en-Sceaux.

Pichot, r. des Dominicains, 1.
Renson, rue Cheravroie.
Robert (A.), passage Lemonier.
Slexher, rue de la Cathédrale.
Thomas, pont d'Isle.

### Louvain.

Marchand, rue Tirlemont.
Santels, rue Tirlemont.
Schuppen-Meeus, rue de la Monnaie.
Van Rymenant, rue Tirlemont
Van Rymenant, rue Diest.
Wouter, place du Marché.

### Malines.

Andries, rue Bruel.
Demesmacker, rue des Vaches.
Flamant, marché aux Souliers.
Jonckers, rue de Bruxelles.
Lens, rue de Bruxelles.
Van Derzypen, c.-r. d. Bateaux.
Van Harenbicz, rue de Vast.

### Mons.

Eckhout, rue d'Hâvre.
Fontrin.
Gérard, rue d'Hâvre.
Leneer, Grande-Rue.
Petit, Grande-Rue.
Sace.
Van Hollebecke, rue d'Hâvre.
Vraux-Martin, rue d'Hâvre.

### Namur.

Devaux, rue de l'Ange.
Dubois, rue de l'Ange.
Jaumain, rue des Fossés.
Mathieu, rue des Fossés.
Reulemonde, rue de l'Ange.

### Ostende.

Block, rue de la Chapelle.
Defonseca, rue de la Chapelle.
Duthoit, 22, rue des Capucins.
Hellebuyck, rue de la Chapelle.
Van Cleempoel, r. St-Sébastien
Verbugghen, r. St-Sébastien.

### Saint-Nicolas.

Dortent.
Duiver.
Verstraels.

### Spa.

Beaudinet, rue de Paris.
Colette, rue de la Sauvenière.
Istasse (Ch.), rue Sauvenière.

### Tirlemont.

Robins.

### Verviers.

Berry–Largefeuille (M<sup>me</sup>), impasse Cuppéa.
Hourlet, rue Haute, à Dizon-lès-Verviers.
Dressens–Chappus, pl. Verte.
Jansen (Lucien), rue de Brou.
Lemaire (V<sup>e</sup>), rue Haudimont.
Marquinay - Largefeuille, rue Spinatory.
Mottet-Lefèvre, place Verte.
Peuris, rue de Verviers.

---

# DANEMARK.

### Copenhague.

Giese (Edouard), Ostergade.
Kaas, Gothersgade.
Minet (Ch.), 12, Ostergade.
Monti, Kongens Nytorv.
Raffine, Ostergade.

---

# ÉGYPTE.

### Caire.

Lauze (Alphonse).

### Alexandrie.

Barbaroux.
Bovet (veuve).
Buisson, pl. des Consuls, 53.
Cheval (Ernest).

# ESPAGNE.

### Madrid.

Antonio Vibar, Jacometren-zo, 41.
Auguste, calle Caretas.
Besençon, calle Caretas, 320.
Bolado (Pedro), calle de Stanta.
De Pena, calle de la Abada, 26 Isabel, 2.
Eugène Carvazol, marchand de cheveux, sita en la Guesta de Santo-Domingo, 6.
Francisco Villalan, Fuencarros, 27.
Francisco Borges, Arenal, 22.
Gamboa, Principe, 39.
Latorre, Tuenglio, 17.
Manuel Stantos, Olibo, 9.
Ortel, Montera, 21.
Pantaleon Peña, Abados 26.
Santos Anton, Meson de Paredes, 9.

### Barcelone.

Alsina, Rembla del Centro, 14.
Concastella, r. de l'Hôpital, 52.
Condô, Rembla del Centro, 31.
Covas, Rembla del Centro, 16.
Duc, sur le Rembla.
Hdouard, rue des Escadillers.
Félix, place du Palais.
Pont, calle Escadillers, 20.
Francisco, Rembla des Fleurs.
Marigna, Rembla Ste-Monique.
Masach, rue Fernando.
Monserée, rue Fernando.
Pascal, rue Fernando.
Ruitz, Rembla del Centro.
Thomas, place de l'Ange.
Tourel, place des Modos.
Vicente, rue de l'Union, 13.
Zacharie, rue Saint–Jacques.

### Bilbao.

Carbonel.

### Malaga.

Lomègue, p. de la Constitution.
Jean de Lacroix, rue de la Compagnie.

### Riogordo.

Lorca, pl. de la Constitution.

---

# HAITI
### Port-au-Prince.

Quentin, Martial, coiffeur du Président de la République.

---

# HOLLANDE
### Haye (La).

Abrerleng, Gravenstraat.
Barberhach (D. T.), Lange Pooten, 11.
Carten fils, Vagenstraat.
Charleg, rue Baule.
Dufour, rue Baule.
Fillet, Langen-Pooten.
Judens (Maurice), Veenwe-straat, 3.
Munych, rue Baule.
Reinsburg, korte Houstraat, 25
Salmon (A.), coif. de S. A. I. R. M<sup>me</sup> la princesse d'Orange.
Verberchmoes, Plaats, 23.
Wenterogn, Spuistraat.
W. Minngh, B.V.T. de la Cour, Hoogstraat, 13.

### Amsterdam.

Etienne, r. Kalwerstraat, 63.
Francis (J.), Heiligerry D., 236.
Grouss.
Haan, Vyzelstraat, 32.
Lefèvre (Arthur), X, Singel, 26.
Matveld (T.), Kalwerstraat.
Simon (R.), Heiligestraat, 236.
Van-Engel, Kalwerstraat.

### Arnheim.

Dufrenne.
Nervort.

### Bois-le-Duc.

Alexandre (van imbeeclr), diti Kolperstraat, 355
Pritz Pompe, Kolperstraat, 277

### Breda.

Van der Meer, Veemark D. 194.

### Harlem.

Geirderen, prooh Krontstraat
Stap, prooh Kontstraat.

### Luxembourg.

Blanc, place d'Armes.
Dell, rue Thionville.
Larschfeld, r. des Trois-Rois.
Roussy, r. de la Porte-Neuve, 20

### Maestricht.

Dressen (Auguste) fils.

### Rotterdam.

Couke.
Van Vive.
H. J. Wittenheer.

### Utrecht.

Labbé-Lijnmarkt, 45.
Istace, Oudkerkhof.

---

# ITALIE
### Florence.

Delettre, pl. San-Gaetano.
Joseph Kienerk, marchand de modes, r. Cerratini, près l'hôtel d'York, 4663.

### Milan.

Bianchi, corso della Palla.
Céna, coiffeur de S. A. R. la duchesse de Gênes, galerie Cristoforis, 69.
Domenico Bertacci, contr. del Monte-Napoleone, 1.
Gandini (Louis), coiffeur-parfumeur de S. M. le roi Victor-Emmanuel, corso del Giardino.
Lamperti Luigi, corso Vittorio-Emanuele.
Piajet, via Visconti.

Piatti, contrada S. Vito Pasqui-
rolo, 6.
Santo Picolletti, rue Passarella.
Sottocasa, cours Victor-Emmanuel, 610 (28 rouges).

### Naples.

Jempt, strada Santa-Cattarina.

### Turin.

Aris, rue du Pô.
Bachelli, rue du Pô.
Baudinot, rue Neuve, 6.
Barolo, rue Cour-d'Appel.
Barola, rue du Pô, 28.
Barolo et Lambert, rue San-
Francesco-di-Paolo.
Bosco, r. Neuve-St-Charles, 20.
Cappa rue Doria-Grossa.
Casali, (Louis), rue Neuve.
Cavalli Giovanny, rue Andrea
d'Oria.
Cornaglia, rue Charles-Albert.
Fest Baldoizzi, rue du Pô.
Finasso, rue Rose-Rousse.
Pasio (Charles) rue Lagrange.
Ranisis, rue Ste-Thérèse, 6.
Sampo, rue Neuve.
Vaye, place Carignan.
Volta, rue Doria.
Votero, rue du Pô.

### Venise.

Bao Guiseppe, ponte dei Bar-
caroli, 1842.
Bergamo Giovanni.
Bettoni, Pocca-di-Piazza, 1261.
Girardi, place St-Marc.

### Rome.

Jardinieri et Fenzel, rue de
Corse, 424.
Simonetti.

---

## MOLDAVIE ET VALACHIE

### Bucharest

Ardéliano.
Coriolan.

Gay.
Georges et Alfred.
Hurier (Célestin).
Kesler et Labbé.
Lalanne.
Victor Oursiano.

### Jassy.

Alexandre.
Petit (Alexis), Grand'Rue, 208.

---

## NORWÉGE

### Christiania.

Aarald Launy, coiffeur de S.M.
le roi de Suède et Norwége,
Nedre Slotsgade.

### Bergen.

Andréas Pettersen.
Plouin (Veuve).

---

## PORTUGAL

### Lisbonne.

Baron (François), r. Chiado.
Firmin Gervais (Mme).
Godefroy, rue Chiado, 80.

### Porto.

Suere.

---

## PRUSSE

### Berlin.

Benoît (Henry), coiffeur de S.A.
la princesse Guillaume.
Benoît, Linden.
Dufour, pont du Grand-Roi.
Gilbert, Friedrichs-Strasse.
Grenzenbach, Kœnnings-Strasse
Guoth, L. Ross-Strasse.
Hangen et Loeber, Jerusalem-
orstrasse.
Kulm, Linden.
Lafoss, Rosenthal-Strasse.
Levin, Postdam-Strasse.

Luce, Charlottenstrasse.
Nagel et Barth, Charlotten-
strasse.
Richard Thomas, Unterden-
Lindien.
Schmidt, Friedrichs-Strasse.
Schmidt. Mohrenstrasse.
Schulz, Mohrenstrasse.
Thomas, coiffeur de la cour,
Linden.
Thomas, Minden, 29.
Venat, Charlottenstrasse.
Weber, Friederisch-Strasse.

### Aix-la-Chapelle.

Richard, Graben.

### Cologne.

Haussmann, a Hoechstrasse.
Jos-Rosellen, unter Goldsch-
mied.
Lœvenich, rue Haute, 139.

### Dantzig.

Charles-Haby.

### Francfort-sur-Mein.

Danhof, Gallus-Strasse.
De Jong, Goetheplatz, 11.
Emmanuel, Gotheplatz.
Hoff, et Ewald, weisse Adlers-
trasse.
Hof, Bilger.
Knoch Leil.
Schonfeld.    Eschenheimers-
trasse.
Seiffermann.
Stegemer, A. Rosmarkt, 2.

### Hambourg.

Alexandre Taillandier, Neuer-
wall, 8.
Antonin, Post-Strass.
Emile Weils.
Frédéric et Kopp, Burstah.
Fornoio, Actolfsbrucke.
Gotze, Bleichein.
Hippolyte-Alter, Gansemarkt.
Leister, Johannisstrasse.

Otto, Jungfernstieg, Gansemarkt.
Wittsruck, Backertrasse

### Hanovre.

Ibsen.

### Hambourg.

Volk, Gent.

### Kœniksberg.

Henry, rue des Français.
Scholz (F.)

### Magdebourg.

Schneider, Breiter Weg.

### Mayence.

Hourtiguée, Ludwigsstrasse.
Veumann.

### Stettin.

Hermann-Voss.

### Wiesbade.

Schroder (GA), coiffeur de la
cour, Weber-Gasse, 1.

---

# RUSSIE

### Saint-Pétersbourg.

Alexandre Teffo, coiffeur des
théâtres impériaux, petite r.
des Ecuries, maison Velche.
Alfred Lacouture, coiffeur de
S. I. I. Madame la Grande-
Duchesse Olga.
Amédée, perspective de News-
ky.
Aristide Buroleaux, Vassili Os-
troff, première ligne, maison
Galoubine.
Béchu, à la Pétrowska.
Bolleau (Aimé), perspective de
Newsky, 10.
Bonnal (Alexandre), Grande-
Morskoïa (hôtel de France).
Boreau (Eugène), perspective
de Newsky (maison Glasou-
noff.

Bruneau(Philippe),perspective de Newsky.
Chabert,perspect.Newsky,62.
Deleury (C.). pers. de Newsky,
Denis, Grande-Morskoïa, 13. coiffeur privilégié de S. M. l'empereur et LL. AA. II.
Dubur, perspect. de Newsky.
Dussourd, Gde-Morkaïa (maison Tours).
Fieffert (É.), r. de la Liteinaïa
Greff,coiffeur de l'Impératrice, Grande-Morskoïa.
Guérin, Grande-Moskoïa.
Jamet et Rigard,Gde-Morskoïa.
Laugier jeune, pont St-Nicolas.
Léon Guichard, Caravanaya.
Léopold, persp. Vizincenckoïa.
Lœvenich, pont de Police.
Louis, à la Caravanaya.
Menisky, en face la Poste.
Menu et Cie, perspective de Newsky.
Moine,perspective de Newsky.
Olivier Moisy, perspective de Vewsky, maison Demidoff.
Petit, Grande-Morskoïa.
Prevost et Mauilé, perspective de Newsky.
Renaud (Joach.),Vosnessinsky.
Renold Vogt, perspective de Vasnsenky.
Sansceroeu, persp.de Newsky.

### Moscou.

Auguste Moine et Grisante Mariani,pont des Maréchaux, rue des Vieilles-Gazettes,
Chassein et Remy.
Gallicy.
Gatinet, à la Petrowka.
Giraud (Edmond).
Guillaumot, à la Petrowka.
Marcou.
Neuville.
Olivier.
SylvainBienvenu,Grande-Loubienki.

Toussaint, rue Herbette.
Uttenenven (Charles).
Vanhove.

### Karkoff.

Jentil-Roucaux.
Larrieu.

### Kasan.

Leberre (Francis).

### Kief.

Gamblin.
Roncin.

### Odessa.

Contessini, rue de Ribas.
Lavignotte (Jules), r, de Ribas.
Zola.

### Saratoff.

Amable.

### Toula.

Marot-Ernest.

---

# GÉORGIE RUSSE

### Tiflis.

Berlemont, coiffeur de S. M. le Grand-Duc Michel et du prince Albert de Prusse.
Peletier.
Peronne.
Pierre.

---

# POLOGNE

### Varsovie.

Kock (Alexandre), rue des Sénateurs.
Sniechowski et fils.

---

# SAXE

### Dresde.

Albert Heinrich, Peterstrasse.
Baumann, Frauonstrasse,10.
Brenner, Schlos-Strasse, 4.

Ecke-Der, Scheffelstrasse.
Kellner, coiffeur de la Cour.
Kurzals.

### Leipsig.

Adolph Kiohl, Grasse-Fleis-
    chergasse, 24.
Gotze, Hainstrasse.
Haustein, Nicolaïstrasse.
Hermann Behrens, Dresdner-
    strasse.
Ribsam, Hainstrsse.
Ribsam, Kleine Fleischergasse.

---

# SUISSE

### Bâle.

Abraham Baer, r. des Tailleurs.
Daniel Moeder.
Eichenlaub, rue du Fer.
Gorzenbach (Mme), Tiefgass.
Hottsen, street Grasse.
Mever fils, rue du Rhin.
Ott, à côté des Trois-Rois.
Rodolphe Baer.
Wilhems Sigriste, rue du Fer.

### Baden

Meister et Hanselmann, près
    l'hôtel du Lion.

### Berne.

Jeny, rue Spectacle.
Schilt, en face la gare.
Matz, rue du Marché.
Offenhaueser, Grande-Rue.
Rhul, place des Greniers.

### Chamonix.

Nicollier.

### Chur.

Lsrez.

### Genève.

Bascal, rue du Rhône.
Chapel, rue du Rhône.
Delmotte, r. du Mont-Blanc, 2
Dufresne, Grand-Quai.
Dunoyer, pl. de la Corraterie.
Eger, pl. Bourg-de-Four, 26.

Fisttre, rue du Rhône.
Gauclerc, place des Bergues.
Henrioud, Grande-Rue, 55.
Ribagnac, rue du Mont-Blanc.

### Interlaken.

Muhlmann, en face de Kursaall.
Yffrig.

### La Chaux-de-Fonds.

Goetschel Levy.

### Lausanne.

Maty, place Saint-François.
Regamex, place Saint-François
Sudmer, rue du Pont.

### Locle.

Tschirky, hôtel des Postes.

### Lucerne.

Frey, Koppegafs.
Yffrig, quai de l'Hôtel-Suisse.
Koller Waggisgafs.

### Saint-Gall.

Bardy, en face l'hôtel du Lion.

### Vernet-Montreux.

Martano.

### Zurich.

Baudrier. Munsterstrasse.
Hébert, rue de la Cigogne, 92.
Heitz, nouveau Tieferhof.
Hliaire Hoesli, quai en face la
    Boucherie.
Lisch.
Saumon, Stüssi-Hofstadt.
Scheonberger.
Sisteron, rue de Seefeld.
Sisteron, rue de la Cigogne.
Susstronck (Jacques) Stadelho-
    ferplatz.

---

# TURQUIE

### Constantinople.

Isidor (L.), gr. r. de Peira, 419.
Prodanoff (G.), passage Orien-
    tal, 11.

Seule admise à l'Exposition universelle de 1867

RÉCOMPENSE UNIQUE

EXPOSITION DU HAVRE

1868

# EAU DES FÉES

## TEINTURE PROGRESSIVE

### Pour la Jeunesse perpétuelle des Cheveux et de la Barbe

*La seule adoptée par le monde élégant*

---

### RIEN A CRAINDRE

Dans l'emploi de cette Eau merveilleuse, dont

## M<sup>me</sup> SARAH FÉLIX

est la SEULE propriétaire.

---

ENTREPOT GÉNÉRAL, 43, RUE RICHER

# PARIS

119, Rue Saint-Denis, ancien 173, à Paris

(En face l'Eglise Saint-Leu)

# A. GRAINDORGE

## FABRIQUE GÉNÉRALE

DE

# PEIGNES

| | |
|---|---|
| CHIGNONS écaille. | DÉMÊLOIRS écaille. |
| — imitation. | — buffle. |
| — buffle. | — corne d'Irlande. |
| — jour détaché. | PAPILLOTES assorties. |
| FAVORIS en tous genres. | FINS ivoire et buis. |

## Brosserie fine en tous genres

BRETELLES ET JARRETIÈRES

# ARTICLES DE COIFFEURS

Utilité — Luxe — Economie

## PLUS DE CASSE POSSIBLE

# RATEAU-BIJOU

Breveté s. g. d. g.

Pour relever les cheveux aux enfants et pouvant
donner soi-même la courbure de la tête.

DÉPOT GÉNÉRAL DE LA

# TEINTURE LEFÈVRE-VAULON

### de Reims

 # BUSTES EN CIRE 

EXPOSITION UNIVERSELLE DE 1855, N° 8,901

Mention honorable du 1ʳᵉ classe reçue à Paris

## Rappel de la Grande Médaille d'Honneur

Reçue à Londres 1851

---

## MAISON FONDÉE EN 1824

# ASSUÉRUS DESROSIERS

### MODELEUR EN CIRE

### Rue du Faubourg-Saint-Martin, 14

---

A l'honneur de prévenir Messieurs les Coiffeurs et autres que, par suite du décès de Messieurs Dartenay et Allix, il vient d'acquérir la propriété de leurs modèles, avec autorisation de les reproduire seul. Il peut donc leur offrir les modèles de la Renaissance, tels que Diane de Poitiers, Françoise de Foix, la Czarine, la comtesse de Lavernie et bien d'autres qui, ajoutés à sa nombreuse collection d'hommes, de femmes et d'enfants, font un choix considérable qui assure à l'acheteur qu'il trouvera toujours un modèle à son goût.

Il continue de restaurer les bustes et achète les vieux.

Expédie en France et à l'Étranger.

Il poursuivra par toute la rigueur des lois les contre-facteurs.

# EXPOSITION UNIVERSELLE DE 1867

## MENTION HONORABLE

## Médaille de Bronze à l'Exposition du Havre 1868

## MAISON FONDÉE EN 1837

# SPÉCIALITÉ D'IMPLANTATIONS

### POUR HOMMES ET POUR DAMES

# PAUL DARGOUGE

## 29, rue Jean-Jacques-Rousseau, 29

### Ancienne rue de Grenelle-Saint-Honoré

# COMMERCE DE CHEVEUX

## Gros et Détail

# FABRIQUE DE POSTICHES

### EN TOUS GENRES

## Plus de 100 modèles de nouveaux Chignons

## Nouvelles bandelettes imitant l'ondulation des Cheveux, d'une perfection exceptionnelle

Les commandes sont livrées dans le plus bref délai.
Commission, expédition en province et à l'étranger

NOTA. — Un tarif contenant les prix courants de tous les articles à l'usage de MM. les Coiffeurs, sera expédié FRANCO à toute demande affranchie.

# TULLE DE CHEVEUX

PERFECTIONNÉ

*Inaltérable à la transpiration*

DE

# NORMANDIN FRÈRES

BREVETÉS S. G. D. G.

FABRICANTS DE POSTICHES ET CHIGNONS NOUVEAUTÉS

## 5, Rue Neuve-des-Petits-Champs

(Passage des Deux-Pavillons)

## et Rue Beaujolais, 6

(VOIR LE TARIF CI-CONTRE)

Afin d'éviter toute confusion avec les contrefaçons de notre Tulle de cheveux, nous prévenons nos confrères que chaque pièce porte la marque de notre fabrique. Les demandes devenant chaque jour plus importantes, nous avons dû, pour faciliter nos confrères de la province et de l'étranger qui ne voudraient pas nous demander directement, avoir divers correspondants où l'on trouvera, comme chez les principaux marchands de cheveux et implanteurs de Paris, un assortiment aux prix indiqués au tarif ci-contre :

A Lyon, chez M. BRIAU, 3, rue du Bât-d'Argent.

A Londres, chez M. GACHIN, 95, Hatton-Garden.

A Bruxelles, chez M. FREY, 14, rue de l'Escalier.

A St-Pétersbourg, chez MM. MAULLÉ et ROUGÉ, Perspective Newski.

A New-York, chez M. HOLDERMANN.

OBSERVATION. — Les personnes n'ayant pas de compte à la maison ou celles achetant rarement notre Tulle, sont priées, en faisant leur commande, d'y joindre le montant ; puis, si l'on désire recevoir par la poste, ajouter pour le port, 25 centimes.

Toutes demandes de crédit devra être accompagnée de références convenables sur la place de Paris.

# BREVET D'INVENTION s. g. d. g.

MAISON FONDÉE EN 1818

## TULLE DE CHEVEUX NORMANDIN FRÈRES

Fabricant de Postiches en tous genres et Chignons nouveauté

5, *Rue Neuve-des-Petits-Champs* (Passage des Deux-Pavillons)
*et Rue Beaujolais, 6*





## GROS — Prix-Courant, au comptant, sans escompte — DÉTAIL

| LARGEUR centim. | *Pièce pour Bandeaux* | fr. | c. | *Pièces pour finitions* |
|---|---|---|---|---|
| 7 | Les 27 millim. 1/2 ou le pouce............ | 1 | » | 1<sup>re</sup> grandeur............. 3 50 |
| 6 | Les 27 millim. 1/2 ou le pouce............ | » | 80 | 2° — ............. 2 50 |
| 5 | Les 27 millim. 1/2 ou le pouce............ | » | 75 | |
| 3 1/2 | Les 27 millim. 1/2 ou le pouce............ | » | 60 | *Pièces pour cache-folies* |
| | | | | Selon la hauteur de la raie du milieu de 8 à 14 fr. |
| | *Pièces pour raies de Perruques et Toupets échancrées ou en biais* | | | |
| 6 1/2 | Les 19 cent. ou 7 pouces............ | 6 | » | *Pièces pour toupets* |
| » » | Les 16 cent ou 6 pouces............ | 5 | » | Entières selon la grandeur de 5 à 16 fr. |
| » » | Les 13 cent. 1/2 ou 5 pouces ............ | 4 | 50 | |
| 3 1/2 | Les 19 cent. ou 7 pouces............ | 4 | » | Et toute pièce sur patron au prix le plus modéré. |
| » » | Les 16 cent. ou 6 pouces............ | 3 | 50 | |
| » » | Les 13 cent. 1/2 ou 5 pouces............ | 3 | » | |

EXPOSITIONS UNIVERSELLES DE 1855 ET 1857.

COMMISSION — **Médaille de bronze aux deux Expositions** — EXPORTATION

34, RUE DE CLÉRY, 34

SEULE MAISON

# HAMON

FABRIQUE

## DE CUIRS A RASOIRS

PATE ZÉOLITHE DE HAMON.

## ARTICLES DE COIFFEURS

TELS QUE

Ciseaux à ongles
Étuis écossais, anglais
Trousses, Nécessaires
Rasoirs anglais.

Limes
Crochets à gants
Coupe-Cigares écaille
Etuis et gaînerie.

CISEAUX, RASOIRS, TROUSSES ET AUTRES.



# ARTICLES DE PARIS EN TOUS GENRES

GRAND ASSORTIMENT

DE FERS A FRISER, FERS A PAPILLOTES DE TOUTES SORTES

MANCHES IVOIRE ET BOIS

Épingles à cheveux, Cardes, Bâtons à tresser, Plats à barbe, Bols à barbe et Pinceaux soie plaqués argent et autres, Troncs pour Coiffeurs Boîtes à poudre de riz, en métal et en porcelaine, Gourdes pour la poudre et Cristallerie de la MAISON BACARAT

DÉPOT DES PRODUITS DE M. PANAFIEU

# DÉPOT DE LA TEINTURE CHINOISE

VINAIGRE DE BULLY

Poudre-Savon, Poudre-Riz, Gros Cosmétiques, Réchaud pour chauffer les fers Brosses à tête, à dents, à ongles et ivoire, Pierres à rasoirs, Ronds de serviettes

Dépôt de l'Eau dentifrice de **BOTTOT**

*Par suite d'abus de son nom, M. HAMON croit devoir prévenir MM. les Coiffeurs qu'il n'a aucun représentant sur la place de Paris.*

# A LA REINE DES ABEILLES

## VIOLET

### PARFUMEUR BREVETÉ

**, Inventeur du savon royal de Thridace**

PREMIÈRES RÉCOMPENSES DANS TOUTES LES EXPOSITIONS
1839 — 1844 — 1851 — 1855 — 1858 — 1862 — 1867

PARIS { 225, rue Saint-Denis, ancien 317 ;
12, boulevard des Capucines, Rotonde du Grand-Hôtel.
USINE MODÈLE. — 199, avenue de Paris, à Saint-Denis.

*Dépôt dans toutes les villes du monde.*

La **MAISON VIOLET**, fondée depuis près d'un siècle, s'est placée à la tête de son industrie par la supériorité de ses produits et l'importance de ses affaires.

Honoré du titre de fournisseur de nos anciens souverains et des cours étrangères, sa réputation est universelle, elle compte au nombre de ses clients tous les coiffeurs jouissant d'une notabilité.

Son organisation en société par actions lui permet d'assurer à ceux de ses clients qui deviennent sociétaires des avantages particuliers en les faisant participer directement à ses bénéfices.

Ses salons de vente de la Rotonde du Grand-Hôtel sont cités comme une merveille d'art et de goût. Son usine modèle de Saint-Denis est le plus considérable et le plus remarquable établissement qui existe dans l'industrie de la parfumerie.

*Marque de fabrique :* **A LA REINE DES ABEILLES**

**La Maison VIOLET a ses correspondants.**

La contrefaçon ou concurrence frauduleuse entrave dans le monde le progrès industriel. Impuissante à créer, elle amoindrit en dénaturant.

Elle vise à un résultat facile, mais nul pour l'industrie. Le gain est son but unique. Elle exploite tout en vue de ce but, même le but et la réputation d'autrui. Rivale sans loyauté, elle agit dans l'ombre, elle n'a ni scrupule ni honte.

Le fabricant honnête est frappé dans ses intérêts, le consommateur est indignement trompé ; on abuse de sa confiance, dans l'impossibilité où il est, le plus souvent, de vérifier la qualité et la vérité des produits achetés.

C'est loin des grands centres industriels que la fraude s'exerce sur une plus large échelle, et le commerce de la parfumerie, répandu aujourd'hui dans le monde entier, en est l'une des principales victimes. Le moyen de remédier à d'aussi graves abus est, outre le nom du fabricant, dans l'adoption d'une marque de fabrique invariable. (Loi du 23 juin 1857.)

La Maison Violet a adopté celle : **A LA REINE DES ABEILLES.**

Cette marque de fabrique est désormais une propriété inattaquable ; elle se trouve placée sous la protection de la loi, le dépôt en ayant été régulièrement faite le 4 mars 1858 au tribunal de commerce.

Afin d'éviter toute contrefaçon, substitution ou imitation des parfums et savons de toilette de la Maison Violet, le consommateur doit refuser comme entaché de faux tout produit portant mon nom et sur lequel ne seraient pas apposées la griffe et la marque **A LA REINE DES ABEILLES** ci-contre.

# PRODUITS SPÉCIAUX ET RECOMMANDÉS

DE

# VIOLET

Paris, 225, rue Saint-Denis, ancien 317

# SAVON ROYAL DE THRIDACE

Le seul recommandé par les célébrités médicale pour l'hygiène
et la beauté de la peau.

### Extraits triples d'odeurs

*Parfums concentrés pour le mouchoir*
Ess. bouquet. Brise de violettes. Jockey
Club. Fleurs de France. Brise de mai.

### Savons de toilette

*Extra-superfins.*
Cold-Cream, Jockey-Club, Chinois. Au
musc. Au baume de violettes, Ylang
Ylang.

### Eaux de toilette

*Pour rafraîchir et adoucir la peau.*
Eau de toilette Violet. Eau de toilette de
la REINE DES ABEILLES. A la violette,
à l'Ess. bouquet, à l'héliotrope, etc.

### Eaux de Cologne

*Très-concentrées*
*Pour la toilette et le mouchoir.*

### Vinaigres

Cosmétique, antiseptique et aromatique

### Glycérines parfumées

*Garanties pures.*

### Eaux de toilette et Vinaigres

*A la Glycérine.*

### Eaux-de-vie de lavande doubles

*A l'ambre, éthérée, etc.*

### Crème de beauté

*A base de glycérine et de bismuth.*
Fraîcheur, jeunesse, éclat du teint.

### Poudre au lis de cachemire

*Invisible et adhérente.*
Blancheur, velouté, fraîcheur de la peau

### Baume de violette

Extrait de pommade.
*Entretien et embellissement*
*de la chevelure.*

### Crêmes Duchesses

Pommade fondante. Parfums assortis.

### Cosmétiques fixateurs

### Baume lustral à la glycérine
### saponinée

### Huiles Duchesses

### Crême royale de Thridace

*Pour la barbe.*

### Pommade hongroise

Brillantine pour les moustaches. Eau
de quinine, eau athénienne.

### Eaux, Poudres et Opiats
### dentifrices

Emailline, nouvelle pâte dentrice.

Parfums et produits spéciaux pour les Coiffeurs.

## POMMADES — COSMÉTIQUES — EAUX LUSTRALES — SAVONS

*Dépôt général de l'Eau Lejeune pour la recoloration des cheveux.*

# PARFUMERIE — SAVONNERIE
# GELLÉ FRÈRES

*Paris — 35, Rue d'Argout, 35 — Paris*

## ARTICLES RECOMMANDÉS
### COMPOSITION ZOUAVE pour noircir moustaches et favoris.

| NIGRITINE VÉGÉTALE | CARBO-QUINA-ROSE | LAIT PROPHYLACTIQUE |
|---|---|---|
| Teinture instantanée pour les cheveux et la barbe, infaillible et inoffensive dans ses effets. | POUDRE DENTIFRICE SUPÉRIEURE à base de charbon, de quina et de roses de Provins. | POUR LA PEAU<br>Cette compositon enlève les taches de rousseur, les boutons, rugosités, etc. |
| RÉGÉNÉRATEUR<br>GELLÉ FRÈRES<br>Pommade spéciale pour l'entretien, la conservation et la reproduction de la chevelure. | EAU D'ALBION<br>POUR LA TOILETTE<br>Produit exquis du suc des fleurs et plantes aromatiques, bien préférable au Vinaigre, dont il ne contient pas les principes irritants. | SAVON<br>AU SUC DE CONCOMBRES<br>Le meilleur des Savons de toilette, indispensable aux personnes qui ont la peau fine et délicate. |

**CÉPHALINE**, Eau antipelliculaire garantie, pour enlever les Pellicules.

# GLYCÉRINE DE TOILETTE
### PARFUMERIE SPÉCIALE

**HYGIÈNE**    Procédé d'EUG. DEVERS, Chimiste, approuvé par la Faculté.    **BEAUTÉ**

| CRÈME DE GLYCÉRINE | ÉLIXIR DE GLYCÉRINE | EAU DE TOILETTE A LA GLYCÉRINE |
|---|---|---|
| POUR LA PEAU.<br>Cette composition n'a rien qui l'égale pour adoucir et rafraîchir la peau ; elle lui fait perdre sa sécheresse et sa roideur, en augmente la blancheur et le brillant, calme les irritations et les démangeaisons. | DENTIFRICE POUR LA BOUCHE<br>Guérir et prévenir les affections des gencives, les rendre roses et vermeilles par son emploi simultané avec la pâte de Glycérine.<br>Tel est le résultat de ce dentifrice supérieur qui, en outre, donne à l'haleine fraîcheur et suavité. | POUR<br>L'USAGE PARTICULIER DES DAMES<br>Cette Eau rend les plus grands services, elle adoucit, rafraîchit, assainit les organes et, en raison de ses propriétés antiseptiques, les préserve de toute influence fâcheuse. |
| PATE DENTIFRICE A LA GLYCÉRINE<br>La Glycérine dentifrice ne contient ni acide ni alcali ; elle blanchit les dents sans en altérer l'émail. | SAVON A LA GLYCÉRINE<br>Le Savon à la Glycérine est bien le Savon des Femmes et des Enfants, il préserve les mains des gerçures occasionnées par l'action de l'air froid. | POMMADE A LA GLYCÉRINE<br>Son grand avantage est de maintenir la fraîcheur à la racine des cheveux, dont elle arrête la chute. |

| GLYCÉRINE ANTI-PELLICULAIRE | CRÈME DE SAVON DULCIFIÉ |
|---|---|
| La Glycérine anti-pelliculaire raffermit le cuir chevelu, prévient le retour des maladies qu'occasionnent les pellicules, fait disparaître les démangeaisons de la tête, et les détruit d'une manière infaillible. | A la glycérine, pour la Barbe.<br><br>BLANC DE BEAUTÉ<br>Pour donner au teint une blancheur diaphane. |

NOTA. — L'usage de la Glycérine est particulièrement recommandé par les médecins pour combattre les affections de la peau. — Les personnes qui voyagent sous les Tropiques ne doivent pas négliger l'emploi de la Glycérine pour prévenir les éruptions de la peau.

# TULLE DE CHEVEUX

## NORMANDIN

### INVENTEUR

Breveté s. g. d. g.

## 19, Passage Choiseul, et Rue Delayrac, 16

J'ai l'honneur de prévenir MM. les Coiffeurs que mon tulle de cheveux, que j'ai toujours vendu à raison de 1 fr. les 27 millimètres ou le pouce, est maintenant à 75 centimes. Sur les toupets et les raies de cache-folies, vous trouverez une diminution de 3 à 4 francs sur chaque pièce, que vous jugerez par un aperçu des prix dont je vous donne le détail ci-dessous.

Toutes pièces sur patron seront livrées dans le plus bref délai et au prix le plus modéré.

## RAIES DE BANDEAUX

| Largeur en centimètres. | | | fr. | c. |
|---|---|---|---|---|
| 3 1/2 | Les 27 millimètres (le pouce).... | | » | 60 |
| 5 | — | — .... | » | 75 |
| 6 | — | — .... | » | 80 |
| 7 | — | — ... | 1 | » |

| | | |
|---|---|---|
| Raies de perruques de..... | 3 à 6 fr. | |
| Raies de cache-folies de.... | 8 à 14 fr. | |
| Raies de toupets de....... | 5 à 15 fr. | |

Nota. MM. les Coiffeurs de la province et de l'étranger qui n'ont pas de compte ouvert à la Maison sont priés d'envoyer, soit par un bon de poste ou en timbres-poste, le montant de leur commande, qu'ils recevront immédiatement.

30, rue Vivienne, entrée rue Saint-Marc, 13

Ci-devant rue Thévenot, 30

---

ANCIENNE MAISON MAHAUT

# DÉSIRÉ LEFRANÇOIS

SUCCESSEUR

---

## FABRIQUE DE PEIGNES ÉCAILLE

ET BROSSERIE FINE EN TOUS GENRES

Dépôt d'Épingles à Cheveux

PARIS

---

MAISON A. GARREAU

Successeur

GROS — MARCHAND DE CHEVEUX — DÉTAIL

148, RUE SAINT-DENIS, ancien 270

---

ATELIER SPÉCIAL DE POSTICHES SOIGNÉS

---

Grand assortiment de cheveux toutes longueurs en belle qualité.

Chignons très-variés, nouveaux modèles.

Fabrique de tours indéfrisables, raies de chair et finitions.

Fournitures pour MM. les Coiffeurs.

**Dépôt de l'Eau sympathique** contre la chute des cheveux, leur rendant la couleur primitive et leur souplesse.

**Eau merveilleuse,** teinture à la minute sans lavage.

# SEULE ET UNIQUE MAISON

OU LA

## BROSSE A CHEVEUX

MÉCANIQUE

fonctionne par l'électricité

BREVET D'INVENTION

Ci - devant rue de la Paix, 12

actuellement

## Boul. des Capucines, 50, rue Basse-du-Rempart

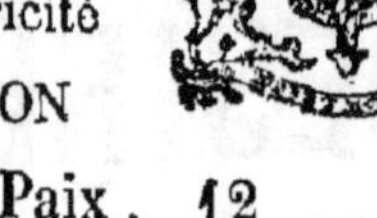

# BRIER

## PARFUMEUR · CHIMISTE

Récompenses aux Expositions, Paris, 1855 et Dijon 1858

Breveté s. g. d. g. pour l'EAU BRIER

déposée à l'Académie nationale de médecine

## MÉDAILLE D'HONNEUR

DES ARTS ET SCIENCES

Nous recommandons à Messieurs les Coiffeurs-Parfumeurs
les Spécialités de la Maison

**EAU de BRIER-CHEVALIER**, contre la chute des cheveux

5 et 10 fr. le flacon, 15 fr. le litre.

**BRILLANTINE**, pour les cheveux et la barbe, aux odeurs
de violettes, Chantilly, Portugal, etc.

3, 6 et 12 francs le flacon

**POMMADE BRIER-CHEVALIER**, contre la chute des
cheveux, au soufre et au goudron

4 et 8 francs le pot

30 p. 100 de remise aux Coiffeurs, Parfumeurs

On expédie en province et à l'étranger

COMMISSION     **PARIS**     EXPORTATION

# BOTTEAUX

## 10, rue Croix-des-Petits-Champs, 10
En face la rue Montesquieu, au 2<sup>e</sup> étage

## MARCHAND DE CHEVEUX
### FABRIQUE DE POSTICHES
Grand Assortiment de Chignons haute nouveauté
**Spécialité d'Implantations**

## SUPPORTS A COULISSES POUR ÉTALAGES
Bâtons à tresser (nouveau système).

Bustes nouvelle composition, ne s'altérant jamais.

Têtes en même composition,
sur un pied mobile, pour leçons de Coiffure.

(Ces Articles sont la propriété de la Maison.)

# CHEVEUX BLANCS
de 40 cent. à 1 mètre de long, à la disposition des Coiffeurs
et Marchands de Cheveux

# CHEVEUX BLANCS
par procédé chimique

## EAU POUR BLONDIR LES CHEVEUX
A 60 fr. la douzaine.

**Teinture Progressive,** en un seul flacon.
(1<sup>re</sup> Médaille d'argent à l'Exposition du Havre.)

Ayant les dépôts des premières fabrications, on trouvera toujours en magasin un grand assortiment des articles suivants, à des prix modérés :

Brosserie, Quincaillerie, Peignes ivoire, écaille, buffle et corne, Rasoirs, Ciseaux, Cardes, Epingles, Filets, Garnitures de Toilette, Parfumeries Ladvocat-Darquet, Panafieu, etc.

**GROS — DÉTAIL**

## 275, RUE SAINT-DENIS, ancien 371

Près la Porte Saint-Denis

# PARIS

# F. DUMAND

# MARCHAND DE CHEVEUX

## IMPLANTÉS, POSTICHES, FOURNITURES

Articles spéciaux pour Coiffeurs

# CHIGNONS NOUVEAUTÉS

## COMMISSION — EXPORTATION

# MANUFACTURE

POUR LA

# PRÉPARATION de CHEVEUX

## 40 et 42, rue Saint-Bienheuré, 40 et 42

### A VENDOME (LOIR-ET-CHER)

# Agence Spéciale

## 81 et 83, Franklin-Street (Maison DAMBMANN)

### NEW-YORK

## M. NALIME, Agent spécial

POUR LA BELGIQUE ET LA HOLLANDE

### 5, — PASSAGE DU PRINCE, — 5, BRUXELLES

# POMMADE NEDJHALINE

DE

## D. D'AMOND

ENTREPOT GÉNÉRAL :

# F. DUMAND

## MARCHAND DE CHEVEUX

### 275, Rue Saint-Denis (ancien 371)

## PARIS

Seul Concessionnaire pour la France
et l'Étranger.

Cette pommade est souveraine, infaillible, pour arrêter la chute des cheveux ; un pot suffit. Elle guérit ; Dartres, Boutons, Demangeaisons, et active la pousse partout où il reste un peu de sève à leur racine. Son usage journalier retarde leur décoloration et évite les causes de leur chute.

**Le Pot pour le détail 5 fr.**

*40 % de remise pour MM. les Coiffeurs,*

## Rue Vivienne, 12, à l'Entresol

# MICHALON

Inventeur de l'Iluile d'**Alcibiade**
de la Pâte de **Henri III**, et de l'Eau **Michalon**

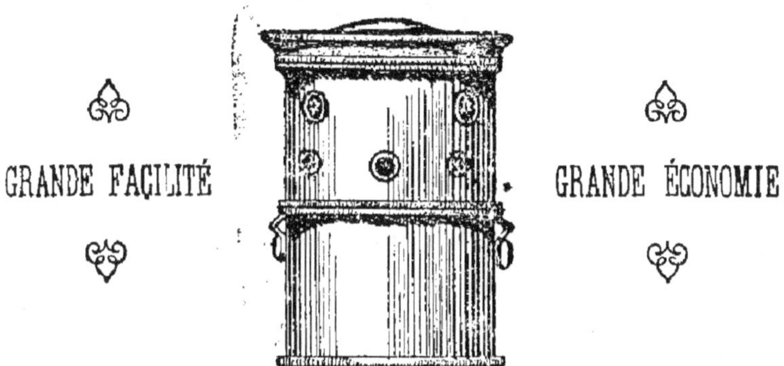

GRANDE FACILITÉ     GRANDE ÉCONOMIE

# CALORIFÈRES MICHALON
## SANS TUYAUX

Se changeant de place à volonté, ne consommant que pour **15** centimes en 24 heures.

Spécialement affecté à l'usage des Coiffeurs ; il sert à chauffer un établissement ainsi que l'eau, les fers, et à faire sécher les cheveux, etc.

Avec cet appareil, on a toujours du feu, une fois allumé il ne s'éteint jamais, on n'a presque rien à faire pour l'entretenir.

**Grande Facilité ! — Grande Économie !**

**MICHALON**, Inventeur
*12, rue Vivienne 12, à PARIS*

# MEUBLES EN TOUS GENRES

à l'usage de la toilette

*Fabrication spéciale pour MM. les Coiffeurs*

## Lucien BOURBON

6, Rue de Lancry, au 1er et au 3me

Près l'Ambigu-Comique et place du Château-d'Eau

PARIS

**Lavabos** nn tous bois, tels que palissandre, acajou, noyer, chêne, bois blanc peint.

**Comptoirs** également en tous bois, à dessin en marbre blanc ou à vitrine (2 tiroirs).

**Consoles** de toutes dimensions et en tous bois, beaux marbres.

**Toilettes Duchesses**, style Louis XV et ordinaires, depuis bois palissandre jusqu'en hêtre blanc et bois blanc peint couleur mérisier. Beaux marbres blancs et belles glaces, tiroirs devant ou 1 de chaque côté.

**Marchepieds** à plaque de fonte.

**Cuvettes** en porcelaine, renforcées et percées.

**Robinetterie** élégante et solide.

**Robinets** en cuivre poli et argenté. Robinets à l'épreuve des eaux forcées quelles que fortes fussent-elles, contenant un mordant sur le cuivre, ce qui cause de continuelles réparations aux robinets ordinaires.

**Robinets** s'adaptant aux cuvettes, s'ouvrant et se refermant à l'aide d'une poignée.

**Bouchons** pour cuvettes également, en cuivre ajusté.

### AVIS ESSENTIEL

Je prie MM. les Coiffeurs de ne pas confonfondre mon nom avec celui de Charles Hourdry, qui a habité le même local que j'habite actuellement.

**6 et 8, rue de Lancry, au 1er et au 3me**

## 28, Rue de Turbigo, 28

### A l'angle du boulevard Sébastopol, 70

Ci-devant rue Saint-Martin, 269

## PARIS

# Maison DANGUY

## LETOURNEL-DANGUY, Neveu et Successeur

# CHEVEUX en GROS

## CHIGNONS NOUVEAUTÉS

# POSTICHES EN TOUS GENRES

ET

# FOURNITURES POUR COIFFEURS

DÉPOT DES SPÉCIALITÉS SUIVANTES:

Le FILET-CHEVEU HIPPOLYLE, breveté s. g. d. g. Le Filet en cheveu s'adapte à tous les genres de coiffures et les conserve intactes. Il est invisible et inusable.

Le TULLE-CHEVEU de NORMANDIN frères, pour l'emploi des postiches implantés, perfectionné.

L'HOIDLE-WATER. Teinture reconnue supérieure pour rendre aux cheveux gris et blancs leur nuance primitive.

# B. FANTON

## FABRICANT DE LAVABOS

Fournisseur des premières Maisons de France, de la Province
et de l'Etranger

### 9, Rue Saint-Ambroise, 9

Ci-devant Boulevard Richard-Lenoir, 98

## PARIS

### MAISON SANS CONCURRENCE

Commission — Exportation

ENVOIE TOUTES DIMENSIONS DE MARBRES

### Pour Lavabos

Avec 2 et 3 trous de cuvettes, avec robinets et cuvettes
de toutes dimensions.

MARBRES BLANCS CREUSÉS ET NON CREUSÉS

### Pour Consoles

Depuis 3 mètres 40 cent. de longueur, en un seul morceau.

MESSIEURS,

Depuis longtemps j'ai apporté à la fabrication de
l'Ameublement pour Magasins et Salons de Coiffure
les plus sérieux perfectionnements. J'ai obtenu votre
confiance et augmenté rapidement ma clientèle. Je
pourrais donc, en fabricant sérieux, me passer de ré-
clame ; mais, aujourd'hui, j'ai dans mon nouveau local
installé de vastes ateliers où je puis travailler, en même
temps que l'Ebénisterie, les Marbres, la Plomberie, la
Robinetterie et la Cuivrerie d'étalage.

Je puis, sans aucun retard, livrer immédiatement les
commandes les plus importantes et sans que mon travail

en soit négligé, sachant combien le travail mal fait entraîne de frais de réparation. Je n'occupe chez moi que des ouvriers habiles, et ma Maison n'a aucun rapport au dehors. Je vends directement et exclusivement les Meubles fabriqués dans mes ateliers.

Je dois donc, Messieurs, vous faire part de ces avantages, qui pour vous ont une réelle importance, n'ayant plus ainsi de perte de temps à éprouver pour réunir tous les articles que vous achetez isolément et que je vous vendrai encore meilleur marché.

Vous trouverez chez moi mes nouveaux Lavabos à deux, trois et quatre cuvettes, à système à pression (déposé), garantis les meilleurs et les plus élégants. — Nouveau système de montage de Marbres, résistant à l'envoi le plus éloigné, sans aucun danger de casser, se démontant et se remontant sans le secours du fabricant. — Glaces de toutes dimensions, de forte épaisseur, garanties, avec cadres dorés, cadres en marbre, cadres en acajou et en palissandre ou bois noir, au prix de fabrique. — Mes Fauteuils mécaniques perfectionnés, dont l'élégance n'exclut jamais la solidité, sont toujours à des prix modérés.—Fauteuils ronds pour la coiffure de dames.— Consoles de toutes dimensions, en acajou, noyer et palissandre. — Comptoirs à caisse, dessus vitre ou marbre blanc, de toutes dimensions. — Cuvettes fortes percées, à 20 p. 100 de rabais. — Marchepieds en fonte ornée. — Montant d'étalage. — Porte-Chignons. — Porte-Chapeaux. — Plats à barbe (Enseignes, Ecussons). — Bustes en cire tout implantés, pouvant se coiffer à volonté, garantis contre le jaunissage.

Enfin, Messieurs, ma Maison, seule en son genre, vous offrant tous les avantages joints à celui du bon marché, j'ose espérer que vous me réserverez vos commandes.

Je me charge aussi de toutes réparations et des échanges des vieux ameublements. Mes prix, établis sérieusement sur une base économique, sont toujours invariables et sans surprise.

---

## Envoi en Province et à l'Etranger

## MAISON

# WALLART - DANGUY

### MUZET et C<sup>ie</sup>, Succ<sup>rs</sup>

# Commerce de Cheveux en Gros

## FABRIQUE D'OUTILS ET FOURNITURES

De toutes sortes à l'usage de MM. les Coiffeurs

# PEIGNES -- BROSSERIE -- PARFUMERIE

### SPÉCIALITÉ DE POSTICHES

POUR HOMMES ET DAMES

Nattes, Chignons fantaisie-nouveautés, Tours, Cache-Folie, Toupets, etc. — Tous ces articles, confectionnés avec soin, permettent à MM. les Coiffeurs de ne jamais manquer la vente dans les circonstances pressées.

### Commission. — Exportation.

DÉPOT CENTRAL de la TEINTURE AMÉRICAINE
(CHESNUT-WATER)

### Pour les Cheveux et la Barbe

## DÉPOT ET VENTE EN GROS

DE LA

# PARFUMERIE LADVOCAT-DARQUET

*1 et 3, place des Petits-Pères*

## PARIS

# LAVABOS ET FAUTEUILS

## 99, Rue du Faubourg - Saint - Antoine, 99

# RICHE

FABRICANT

DE

Nouveaux

**FAUTEUILS**

ET CHAISES

TOILETTES-DUCHESSE

depuis 60 fr. et au-dessus

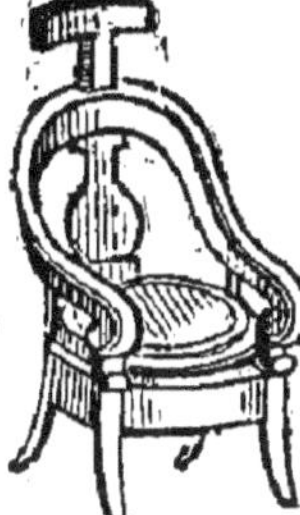

FABRICANT

DE

**FAUTEUILS**

Tournants

très - commodes

CHAISES

depuis 20 f. jusqu'à 30 f.

Les Lavabos de la maison Riche, à l'usage de MM. les Coiffeurs sont mobiles. Ils sont avec ou sans réservoir pour l'eau et possèdent un élégant robinet adapté au réservoir, garni d'une pomme en cristal sur le devant et qui tourne afin de laisser couler l'eau. Ces Lavabos ne craignent pas l'humidité, l'eau de savon n'y séjourne jamais : ce qui évite toute mauvaise odeur, puisque l'eau sort de la cuvette pour être rejetée au dehors sans séjourner dans le meuble. Comme on le voit, ces Lavabos sont à l'abri des moindres réparations. *Assortiment de Cuvettes avec ou sans robinet.* faciles à poser soi-même.

## Magasins de vente : rue du Faub.-St-Antoine, 99

### PARIS

# EXPOSITION UNIVERSELLE DE VIENNE 1873

## 1re MÉDAILLE DE PROGRÈS

**La seule Récompense accordée à cette Industrie.**

---

## COMMISSION — EXPORTATION

---

# CH. POINCET

### BREVETÉ S. G. D. G.

# Md DE CHEVEUX & POSTICHES

## 9, Rue du Faubourg-Montmartre, 9

---

# FOURNITURES POUR COIFFEURS

---

## AVIS IMPORTANT

M. Ch. POINCET, marchand de cheveux et fabricant de postiches, qui vient d'obtenir la *Médaille du Progrès* à l'Exposition universelle de Vienne, prévient MM. les Coiffeurs de France et de l'étranger, qu'ils trouveront dans sa maison les articles ci-dessous désignés :

Cheveux lisses, frisés et crêpés. — Raies implantées. — De chair, pour perruques d'hommes et de femmes. — Bandeaux et Tours. — Chignons. — Tulle-cheveux. — Tresse à perruques. — Teintures. — Soieries. — Filets. — Boîtes à houppes. — Houppes. — Boîtes en bois, en métal, en carton. — Pommade spéciale. — Gourdes en verre. — Bols à barbe. — Bâtons à tresser. — Bigoudis et Têtes en bois. — Ronds de serviettes. — Brosses à tête, à dents, à ongles, à habits, à bandoline, à poudre de riz, à brillantine, à peignes. — Blaireaux. — Peignes en écaille. — Aiguilles en écaille. — Cuirs à rasoirs. — Étuis à rasoirs. — Rasoirs. — Ciseaux. — Limes à ongles. — Épingles à cheveux, françaises et étrangères. — Fers à ondulations, à friser, à papillottes, à cinq branches, ronds. — Cardes. — Eau de toilette. — Étalages pour devantures. — Porte-Chignons, fixes et à coulisses. — Enseignes. — Outillage de coiffeurs. — Plats à barbe pour enseignes. — 28 modèles de fourneaux à esprit de vin. — Fourneaux à gaz pour l'eau et les fers. — Miroirs. — Bustes en cire. — Parfumerie. — Cadres ovales pour dessins en cheveux. — Meubles en tous genres pour coiffeurs. — Étuve pour l'ondulation et la frisure, et Disque Poincet.

Ses teintures sont : l'Eau de Phœbus, pour dorer les cheveux; — l'Eau Arménienne, teinture progressive, et la Teinture Poincet, pour teindre à la minute.

La Maison Ch. POINCET se recommande tout particulièrement pour la fabrication de tous les genres de postiches.

---

# ÉTUVE PORTATIVE

## BREVETÉE

Cette Étuve a pour but d'éviter de mettre des papillotes et de passer les cheveux au fer, afin qu'il n'aient plus le cran inévitable comme dans ce dernier cas.

Cette Étuve a aussi pour propriété de remettre les cheveux à neuf, et sans crainte de les brûler. On peut employer, pour la chauffer, indistinctement du charbon de Paris, du gaz, de l'esprit de vin, essences, huile, etc.

---

# 60 — Rue du Château-d'Eau — 60

## CI-DEVANT FAUBOURG SAINT-MARTIN, 66

**LAVABOS**

Robinets, Marbres

Cuvettes

Comptoirs

nouveau système

Consoles

Marchepieds

Toilette-Duchesse

Fauteuils

et Chaises

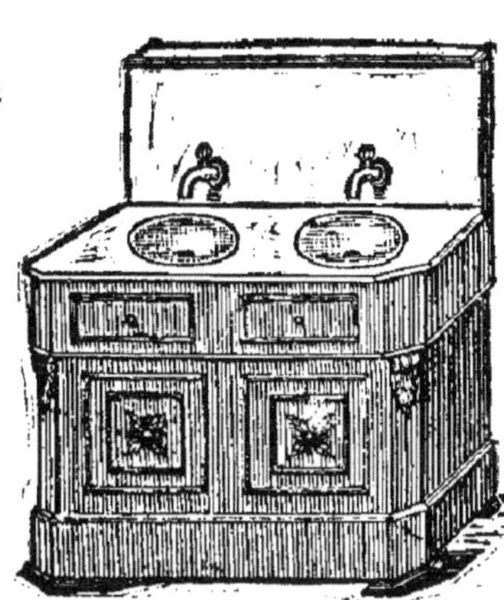

**LAVABOS**

Robinets, Marbres

Cuvettes

Comptoirs

nouveau système

Consoles

Marchepieds

Toilette-Duchesse

Fauteuils

et Chaises

# DURNOY & C<sup>IE</sup>

Ont l'honneur de vous informer qu'après avoir travaillé pendant dix ans pour tous les marchands de lavabos, ils ont fondé une Maison pour l'Ameublement spécial de MM. les Coiffeurs. Tous les meubles, toilettes-duchesse ou lavabos, seront fabriqués par eux-mêmes. Ayant pour eux le bénéfice de la fabrication, ils vendront à MM. les Coiffeurs aux mêmes prix qu'ils vendent aux marchands. Equivalant de solidité, d'élégance, et meilleur marché que dans toute autre maison de Paris.

## APERÇU DES PRIX :

Lavabos acajou, 2 cuvettes............... 170 fr.
Lavabos peints, 2 cuvettes............... 120
Consoles acajou de 1 mètre............... 25
Toilettes-duchesse, grand modèle, glace forte 62
Fauteuils.................................. 35
Chaises................................... 25

**PARIS**

# A LA GUIRLANDE FLEURIE

# Henri NEYRAC

## PARFUMEUR-CHIMISTE

## 32, Rue d'Argout, 32

ANCIENNE RUE DES VIEUX-AUGUSTINS

PARIS

# LOTION VÉGÉTALE

## POUR FAIRE POUSSER LES CHEVEUX

### *Et enlever les Pellicules*

Ce précieux tonique fortifie et déterge les cheveux, leur donne de la souplesse et de l'éclat, prévient et arrête la calvitie et substitue sur le cuir chevelu, à l'action nuisible de la transpiration, une influence vivifiante et un parfum des plus agréables.

## DÉPOT DE CHEVEUX CHINOIS

## SPÉCIALITÉ POUR COIFFEURS

# TEINTURE ANGLAISE INSTANTANÉE

### PRÉPARÉE PAR

# DESNOUS

### PARFUMEUR

## SEUL INVENTEUR DE LA TEINTURE ANGLAISE

### Admis à l'Exposition universelle de 1855

**8 et 10, passage Delorme, rue de Rivoli, en face les Tuileries, à Paris.**

L'inventeur vient d'apporter encore une nouvelle amélioration à sa teinture, qui lui permet de teindre les cheveux à la minute, en châtain, brun et noir, et sans **dégraisser avant l'opération**. Cette admirable teinture a l'avantage de ne pas tacher la peau, et de plus de laisser les cheveux et la barbe aussi doux et aussi souples qu'avant l'opération et sans aucun danger pour la santé. **Les effets en sont garantis.** Pour les renseignements, écrire **franco**.





## Teinture DESNOUS

### EN UN SEUL FLACON BLOND

Pour teindre d'une seule fois les cheveux et la barbe en **châtain clair** ou en **blond**, dégraissez les cheveux avec un peu de carbonate de soude, rincez et séchez-les avec des serviettes. La Teinture s'applique alors avec une petite brosse, en ayant soin de diviser mèche par mèche les cheveux et de les humecter jusqu'à la racine, ce qui peut se faire sans crainte de tâcher la peau. Cinq minutes après, rincez la tête avec de l'eau tiède et du savon pour retirer le fond de la teinture, et ajoutez un peu d'**Alcibiade Desnous** pour fixer la couleur et donner aux cheveux ou à la barbe un beau brillant.

Pour teindre la barbe, dégraissez-la avec du savon et appliquez la **Teinture Desnous** de la même manière que pour les cheveux.

Tout flacon non revêtu de mon cachet portant mon nom et mon adresse, sera réputé contrefait.

*Préparée par* **DESNOUS**, *Parfumeur*
8 et 10, passage Delorme, rue de Rivoli, Paris.

## Teinture DESNOUS

### EN UN SEUL FLACON CHATAIN CLAIR

Pour teindre d'une seule fois les cheveux et la barbe en **châtain clair** ou en **blond**, dégraissez les cheveux avec un peu de carbonate de soude, rincez et séchez-les avec des serviettes. La Teinture s'applique alors avec une petite brosse, en ayant soin de diviser mèche par mèche les cheveux et de les humecter jusqu'à la racine, ce qui peut se faire sans crainte de tâcher la peau. Cinq minutes après, rincez la tête avec de l'eau tiède et du savon pour retirer le fond de la teinture, et ajoutez un peu d'**Alcibiade Desnous** pour fixer la couleur et donner aux cheveux ou à la barbe un beau brillant.

Pour teindre la barbe, dégraissez-la avec du savon et appliquez la **Teinture Desnous** de la même manière que pour les cheveux.

Tout flacon non revêtu de mon cachet portant mon nom et mon adresse, sera réputé contrefait.

*Préparée par* **DESNOUS**, *Parfumeur*
8 et 10, passage Delorme, rue de Rivoli, Paris.

## HYGIÈNE DE LA PEAU

# SAVON DU MONT-BLANC

### DULCIFIÉ

A base très-émolliente, recommandé surtout aux Dames et aux Enfants pour sa supériorité et ses résultats bienfaisants. — Il assouplit la peau, lui communique une douceur et une fraîcheur remarquables.

*Préparé par* **DESNOUS**, *Parfumeur*

**8 et 10, passage Delorme, rue de Rivoli**

Pour la barbe, il facilite l'action du rasoir. — Excellent et très-recherché pour les bains.

## HYGIÈNE DES CHEVEUX

### POMMADE PHYTOLACCA

La **Pommade Phytolacca** fournit aux cheveux une graisse animale analogue à la graisse naturelle des cheveux. Comme elle est chargée des principes toniques de la **Phytolacca**, elle nourrit le cheveu, le fait croître, le fortifie et en empêche la chûte.

**5** francs le flacon.

### EAU PHYTOLACCA

Plusieurs années de succès autorisent à recommander **l'Eau Phytolacca** comme le complément indispensable de la Pommade. — **L'Eau Phytolacca** enlève l'excès de pommade, et comme elle en possède les mêmes principes toniques, elle fortifie le cheveu, le fait croître et en arrête la chûte. — **10** francs le flacon.

*Préparées par* **DESNOUS**, *Parfumeur*

**8 et 10, Passage Delorme, rue de Rivoli**



# L'ARGENTINE, POUDRE DE FLORE

*Remplace avec avantage*

### TOUTES LES POUDRES DE RIZ PARUES JUSQU'A CE JOUR

Cette poudre impalpable, invisible, transmet à la peau un velouté remarquable ; elle blanchit les visage les plus altérés par le Hâle et leur rend le teint frais de la jeunesse.

*Préparée par* **DESNOUS**, *Parfumeur*

**8 et 10, passage Delorme, rue de Rivoli**

La boîte s'ouvre en deux endroits : la partie supérieure renferme la Poudre et l'inférieure la Houppe.

# CREAM DE FLORE

### POUR BLANCHIR ET ADOUCIR LA PEAU

*Préparée par* **DESNOUS**, *Parfumeur*

**8 et 10, passage Delorme, rue de Rivoli**

## ALBINE, Blanc de Laïs

**Pour blanchir le Teint et faire disparaître les tâches de rousseur**

*Préparée par* **DESNOUS**, *Parfumeur*

**8 et 10, passage Delorme, rue de Rivoli**

PRIX DU FLACON : 5 FR.

Pour éviter la contrefaçon, chaque flacon doit porter la griffe et la signature ci-contre. DESNOUS.

*Agiter le flacon avant de s'en servir.*

# PLUS DE RIDES

# EXTRAIT DE LAÏS

## PRÉPARÉE PAR DESNOUS PARFUMEUR

**Paris — 8 et 10, passage Delorme, 8 et 10, rue de Rivoli — Paris**

**L'Extrait de Laïs** a résolu le plus délicat de tous les problèmes : celui de conserver à l'épiderme une fraîcheur et une jeunesse qui défient les ravages du temps.

**L'Extrait de Laïs** empêche la formation des rides ; il les fait aussi disparaître et en prévient le retour.

**Les Rides** ne proviennent que de la diminution progressive du corps gras sous-cutané qui distendait le tégument : à mesure que ce corps gras disparaît, le tégument perd de son élasticité, sa force de ressort et ne peut revenir sur lui-même ; le sillon intérieur se forme et la peau se relève sur les bords de ce sillon.

**L'Extrait de Laïs** s'insinue à travers les pores, pénètre sous l'épiderme qu'il féconde de son suc bienfaisant, rend au tissus cellulaire l'alimentation dont il était privé, comble les sillons en voie de formation et restitue à la peau son élasticité primitive en lui rendant son ressort naturel et son velouté le plus exquis.

**L'Extrait de Laïs** ayant le privilége de rafermir les tissus, exerce aussi une action directe sur les paupières qu'il resserre en les rafraîchissant, ce qui rend à l'œil fatigué toute sa vivacité et tout son éclat.

**L'Extrait de Laïs** semble être le dernier mot de l'art appliqué à l'étude de la conservation de la jeunesse et de la beauté.

### Manière de se servir de l'Extrait de Laïs

Après s'être lavé, prendre le coin d'une serviette et y verser un peu d'Extrait de Laïs, puis la passer sur les rides, les yeux, en un mot sur tout le visage.

**Prix du flacon : 5 francs**

# BUSTES EN CIRE

## POUR COIFFEURS

## 99, Boulevard Beaumarchais

(MAISON DU COIFFEUR).

Ci-devant Boulevard du Prince-Eugène, 226.

# MAISON PUJOL

## APERÇU DES PRIX

BUSTE tout implanté, irréprochable, gr. modèle.  200 f.

—  —  —  petit modèle.  150 f.

BUSTE avec bras mécanique, grand modèle......  300 f.

BUSTE avec bras mécanique, petit modèle......  250 f.

TÊTES d'homme, toupet mécanique, en tous genres.

Seul Fournisseur de la Grande Maison de la rue du Pont-Neuf
et du Magasin de la Ville de Saint-Denis
Fournisseur des Musées de Florence et Européen.

SPÉCIALITÉ POUR COIFFEURS. — OBJETS DE SAINTETÉ.

Remise à neuf de tout ce qui regarde sa partie

## A PARIS

# PEIGNES

## ANCIENNE MAISON DEKEGEL

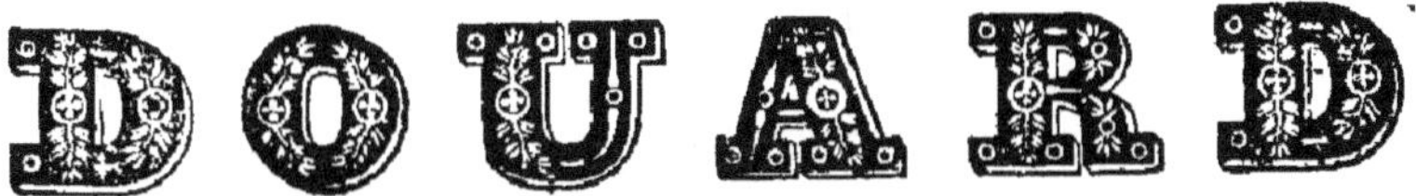

# DOUARD

### SUCCESSEUR

## 21, Rue Neuve-Saint-Augustin, 21

*Fabrique speciale de Peignes d'Ecaille,*
*Buffle, Ivoire et Buis en tous genres, pour MM. les Coiffeurs*

Cette Maison se recommande tout particulièrement
pour son genre de travail, reconnu par sa Clientèle. Elle
expédie en province et à l'étranger, contre remboursement

**La Maison se charge de toute espèce de Raccomodages
d'Ecaille.**

---

## 11, Rue Saint-Bernard, 11

### Faubourg Saint-Antoine

# FILLIT

## FABRICANT DE CHAISES ET FAUTEUILS

En tous genres
NOUVEAU SYSTÈME DE RESSORTS PERFECTIONNÉ
**Fauteuils mécaniques pour Coiffeurs**
Depuis 30 francs jusqu'à 65 francs

*Fait des envois en province*

### PARIS

# 12, RUE CADET, 12, PARIS

# ALFRED PONTET

**Perruquier-Coiffeur**

de l'OPÉRA, du Gymnase, du Palais-Royal et du Vaudeville

## SPÉCIALITÉ DE PERRUQUES

EN TOUS GENRES

### POUR BALS ET COMÉDIES DE SALON

Vente et Location.

COMMISSION — Maison fondée en 1805 — EXPORTATION

# A. DUCHESNE

### Fabrique de Postiches pour les Coiffeurs

et Commissionnaires

## 16, Rue du Caire, et Passage du Caire

*Cheveux de première qualité*

Fabrique de Rouleaux, Nattes, Crêpés, Anglaises, Tours
indéfrisables, Toupets, Perruques,
et tout ce qui se fait de plus nouveau, etc., etc.

### POSTICHES A FAÇON

Tous les articles pris à la douzaine. On traite de gré à gré.

*Remise 5 pour cent.*

## TEINTURE POUR LA BARBE & LES CHEVEUX

EN TOUTES NUANCES

NOTA. Tout le postiche peut se recoiffer à volonté.

La Maison se charge de toutes les réparations à des prix très
modérés.

# C<sup>LES</sup> DESSEZ

## Artiste Dessinateur et Tresseur en Cheveux

### ÉLÈVE DE CONSTANT

## · 16, Faubourg Saint-Denis, 16

A l'honneur d'informer MM. les Coiffeurs de l'extension qu'il vient d'apporter à son industrie, et l'achat d'un nouvel outillage qui lui permettra de faire une diminution sensible sur tous les OUVRAGES en CHEVEUX en général. Pour convaincre ses clients de la véracité de son assertion, vous trouverez ci-bas un aperçu de son Tarif, qui, mis en parallèle avec ceux de ses confrères, est d'au moins 30 p. 0/0 plus bas, quoique ne cédant en rien en goût, élégance et difficulté de tout ce qui se fait ailleurs.

| | | | | |
|---|---|---|---|---|
| Sujets tout encadrés, palmes à une boucle, 54 m/m | 1 75 | Tombeaux, 54 millimètr. | 3 » | |
| — 68 — | 2 » | — 68 — | 3 50 | |
| — 81 — | 2 50 | — 81 — | 4 50 | |
| — 108 — | 3 50 | — 108 — | 6 » | |
| Palmes à trois boucles, 54 m/m | 2 50 | Pensées pour Médaillons.. | » 75 | |
| — 68 — | 2 75 | Nœuds ou Parquets pour Médaillons............ | » 50 | |
| — 81 — | 3 25 | Tresses pour Bracelets, de 2 fr. à............... | 10 » | |
| — 108 — | 4 25 | Colliers de 1 mètre 40 centimètres de longueur, de 1 fr. 75 à............ | 5 » | |
| Pensées, 54 millimètres.. | 1 75 | | | |
| — 68 — | 2 » | | | |
| — 81 — | 2 50 | Tresses pour Bagues, de 25, 30, 35, 45 et 50 c. | | |
| — 108 — | 3 50 | | | |

## ARTICLES DE BIJOUTERIE

| | | | |
|---|---|---|---|
| Broches en or, depuis... | 12 » | Garnitures en or, pour Bracelets, depuis...... | 12 » |
| Médaillons en or, depuis.. | 3 50 | Garnitures en or, pour Colliers, depuis....... | 3 » |
| Garnitures en or, pour Bagues, depuis ....... | 2 25 | | |

Spécialité de garnitures en or, en argent doré et en doublé, Bouquets, Tombeaux, Boucles, Bracelets, Bagues, etc.

Spécialité de cadres en bois noir ovale, cercle doré et verre bombé, avec fond préparé prêt à travailler, depuis 75 c.

On expédie en France et à l'étranger contre remboursement.

Les lettres non affranchies ne seront pas reçues.

Pour éviter les frais de remboursement, en faisant la commande, si elle ne dépasse pas la somme de 50 fr., on peut envoyer le montant en timbres-poste, si elle dépasse, en un mandat sur la poste.

## Maison J. GACHIN, fondée en 1830

# A. CHEVALIER

SUCCESSEUR

### CHEVEUX EN GROS ET EN DÉTAIL

**22, Rue des Halles, 22**

*Ci-devant Rue Saint-Denis, 101*

Cette Maison, si connue de MM. les Coiffeurs par l'importance de ses assortiments, la beauté et la qualité de ses Cheveux, se recommande aussi par les produits de sa grande fabrique de Raies de chair, Implantations et Postiches en tous genres, tels que Raies anglaises sur gaze et cuir, dites Ventilateurs, Raies de taffetas, Raies baudruchées sans bandeaux, Nœuds d'Apollon, Berthes, Nattes, Rouleaux Buridan et Rouleaux de côté.

Tient aussi, comme par le passé, tous les articles pour la fourniture de MM. les Coiffeurs, Tulles, Gazes anglaises, Rubans. Le tout à des prix modérés.

# Elixir dentifrice du Phénix

*Du* D<sup>r</sup> CHRISTIN, *de la Faculté de Paris*

Le seul qui ait été reconnu par les Facultés de France et de l'étranger, comme possédant toutes les qualités qui justifient titre. Cette ENTENTE UNANIME à désigner ce DENTIFRICE à la confiance publique, et le SUCCÈS toujours croissant qu'il obtient disent assez que cet ÉLIXIR composé d'éléments nouveaux est bien supérieur à tous ses similaires. Les hautes récompenses dont son inventeur a été honoré, proclament ses heureux effets sur les dents et les gencives. *Cet Elixir est donc un des plus précieux articles de toilette* qu'on puisse désirer. Son usage préserve des nombreuses affections de la bouche. C'est en s'appuyant sur les plus solides garanties, qu'on peut dire avec raison, **qu'il met à l'abri des maux de dents.**

Flacon avec instruction, 1 fr. et au-dessus.
Flacon de luxe, depuis 2 fr. 50 et au-dessus. — Dépôt central:

## Faubourg Saint-Denis, 99, Paris

Se trouve chez les Coiffeurs et Parfumeurs.

EXIGER LA SIGNATURE V<sup>e</sup> CHRISTIN.

# *FABRIQUE*

# D'OUVRAGES ᴇɴ CHEVEUX

## Vᵛᵉ STANDHAFT

### 24, Rue Beaubourg, au premier étage

**Près la rue Rambuteau.**

| Bijouteries pour Cheveux, Or, Argent et Doublé MÉDAILLONS | Coulants de Bagues, Fermoirs de Bracelets ET COLLIERS |

---

## 4, Rue des Mauvais-Garçons, 4

### AU COIN DE LA RUE RIVOLI, 44

# CHEVEUX POUR DAMES

## GRAND PRIX D'HONNEUR

# PERRIER AINÉ

## Coiffeur Parfumeur

### TRÉSORIER DE LA SOCIÉTÉ L'UNION DES COIFFEURS

Inventeur de la Pommade Crème des Sultanes, au soufre et quinine, infaillible contre les Pellicules et Démangeaisons de la tête. Prix, aux Coiffeurs, 10 francs la douzaine.

Étant professeur depuis sept années dans les Cours de Coiffures de Paris (actuellement à la Société l'Union), j'ai l'honneur de vous prévenir que je donne mes Leçons tous les jours après midi.

*Dimanches et Fêtes exceptés.*

# AUX FLEURS D'ITALIE

## AUBERT (Charles)

Parfumeur-Chimiste breveté s. g. d. g.
**74, Rue du Faubourg-Saint-Denis, 74**

### SPÉCIALITÉ

Lotion et Pommade ferrugineuses contre la chute des cheveux, les pellicules et les démangeaisons de la tête.

Nouvelle Pommade au brou de noix, pour rendre aux cheveux blancs leur couleur primitive, sans tacher la peau ni le linge. Il suffit de très peu de temps pour avoir des cheveux blonds ou châtains.

Eau divine pour teindre progressivement et instantanément la barbe et les cheveux. — Parfumerie en tous genres. — Réputation acquise pour la qualité et le bon marché de tous ses articles.

**Commission. — Exportation.**

## 35, rue Montmartre, 35

Ci-devant rue Mauconseil 39

**Commission**     PARIS     **Exportation**

# BURGNION Père et Fils

Maison fondée en 1852

## Cheveux en gros

Postiches et fournitures en tous genres pour Coiffeurs.

## CHIGNONS NOUVEAUX

Préparation des Cheveux

**Manufacture de Raies de chair** à Trappes
(Seine-et-Oise), et à Ambert (Puy-de-Dôme).

# EAU INCOMPARABLE

## NOUVELLE PRÉPARATION EXTRAORDINAIRE

### Pour teintre instantanément

### · LES CHEVEUX ET LA BARBE

La seule pouvant donner leurs nuances primitives, depuis
le blond jusqu'au noir

## Préparée par FAVRE, Parfumeur

Rue Napoléon, 57, à Boulogne-sur-Mer.

---

Après un long et minutieux travail, avec l'aide des premiers chimistes, je viens, Messieurs, appeler votre attention sur cette nouvelle préparation. Essayez-la pour croire à sa supériorité sur toutes celles qui ont paru jusqu'à ce jour.

Je ne viens pas vous dire que ma teinture est végétale, car j'affirme qu'il n'en peut exister.

En la composant, je me suis attaché à la rendre hygiénique au plus haut degré, économique, durable, fortifiante et donnant de la souplesse aux cheveux. — Application prompte et facile, sans mauvaise odeur, ne déchargeant pas et n'étant pas obligé de se laver après ; succès garanti. Huit nuances différentes !

Pour éviter toute idée de charlatanisme, comme il en a toujours existé, vous trouverez chez les dépositaires de nombreux certificats et des mèches de toutes nuances pouvant attester le succès de cette nouvelle découverte.

### La boîte : 3 fr. 50 c.

Dépôt général à Paris, chez M. M. LAMY (*A la Levrette*), rue Turbigo, 28, et chez tous les principaux Coiffeurs de la France et de l'étranger ;

A Londres, chez M. LEFEBVRE, 82, Charlott's street ;

A Vienne, chez M. FRATEL, 646, Graten.

# ÉPONGES EN GROS
## De toutes qualités et de toutes provenances
# FÉLIX NAVILLE
## 51, *RUE MONTORGUEIL*, 51
### EN FACE LA RUE MARIE-STUART

**Nota.** — Il sera toujours réservé à MM. les Coiffeurs la facilité de prendre l'éponge en petite quantité, aux mêmes conditions et aux mêmes prix que pour un kilog.

## Envois en province et à l'étranger
## PARIS

---

## A LA VRAIE CONCURRENCE
### MAISON FONDÉE EN 1844
### LE MEILLEUR MARCHÉ DE TOUT PARIS

## MARCHAND DE CHEVEUX
## 347, rue Saint-Martin, 347

---

## TEINTURE CHINOISE
### HAUTE NOUVEAUTÉ
Coiffures à la Mode implantés en Gaze, Tulle-Cheveux
et Gros de Naple
Manufacture de Postiches en tous genres

## CARDES et tous ARTICLES pour COIFFEURS
## GROS & DÉTAIL

11.

# PATUREAU (Henri)

## FABRICANT DE LAVABOS

## Chaises et Fauteuils mécaniques

*9, Rue des Trois-Bornes, à Paris*

Ci-devant Rue d'Angoulême, 72

Messieurs,

J'ai l'honneur d'informer MM. les Coiffeurs que le bon accueil et la confiance dont ils m'ont honoré jusqu'à ce jour m'ont encouragé à agrandir mes ateliers pour la fabrication des meubles à l'usage des Salons de Coiffure et Cabinets de Toilette pour Maisons Bourgeoises, tels que : Lavabos, Comptoirs en tous genres, Consoles, Tablettes Duchesse et Louis XV, Marchepieds, Montres à Vitrine, etc , etc.; Meubles en tous genres, antiques et modernes.

J'ai adjoint à mes ateliers la fabrication des Fauteuils et Chaises mécaniques en tous genres, à l'usage de MM. les Coiffeurs, à des prix très modérés.

Je tiens également la robinetterie, les marbres, les cuvettes et les boutons en cristal, c'est-à-dire toutes les fournitures complètes d'un lavabo, sans le meuble, pour les Clients qui m'en adresseront la demande : le tout monté et prêt à mettre en place.

J'espère qu'avec les perfectionnements que j'ai adoptés et la réduction des prix, je pourrai compter sur **votre** confiance comme par le passé.

**Réparations en tous genres.**

Envoi en Province et à l'Etranger

## 9, rue des Trois-Bornes, 9

COMMISSION — EXPORTATION

# Rue Pastourel, 3, près la rue du Temple

MAISON RAGUENET

# TAUPINARD

SUCCESSEUR

## FABRIQUE DE RASOIRS ET DE CISEAUX

Cuirs à Rasoirs et Compositions Zéolithes

SPÉCIALEMENT POUR MM. LES COIFFEURS

### APERÇU DES PRIX :

| la paire. | | la paire. | |
|---|---|---|---|
| Rasoirs blancs os......... 2 50 | | En ivoire, depuis 5, 6, 7, | |
| — noirs,.....3 fr. et 3 25 | | 8, 9, 10 fr. jusqu'à.... 25 » | |
| Article fabriqué spéciale- | | En écaille............... 20 » | |
| ment pour MM. les Coif- | | Ciseaux de Coiffeurs..... 6 » | |
| feurs, étroits et 1/2 lar- | | Id. nouveaux, petit mod. 5 » | |
| ges.................. 4 » | | Id. effilés.............. 4 » | |
| Les larges.............. 4 50 | | Id. à barbe............. 2 50 | |

ON PEUT ÉCRIRE, ON SE RENDRA A DOMICILE.

# AU CARREFOUR DE CHATEAUDUN

en face le Bureau central des Omnibus

**66, Rue du Faubourg-Montmartre, ancien n° 72**

## A PARIS

Beaucoup de personnes ne font pas travailler leurs cheveux dans la crainte de payer trop cher : c'est tout le contraire qu'il faudrait dire. Le travail exécuté sur mon métier me permet de faire vingt-cinq sujets par jour ; de plus, si les cheveux sont nettoyés et démêlés à l'avance par le coiffeur, il est juste d'en faire la réduction. Les milles modèles que j'ai composés ont été reproduit en cheveux et les dessins n'ont pas été donnés à regret. Il y en a pour tous les goûts et pour toutes les bourses. Nos jolis chignons ronds, nos dessins en cheveux, si utiles pour perpétuer le souvenir d'une personne aimée, sont d'un goût remarquable.

En m'adressant aux bons coiffeurs pour ces travaux multiples, je crois que l'on peut conduire à bien notre métier par les relations directes et les explications nécessaires qu'il faut connaître, afin de mériter l'estime publique qui nous est due.

ALEXANDRE TRÉMIOT

ARTISTE.

# PRÉCIEUSE DÉCOUVERTE

POUR

# MM. LES COIFFEURS

## TEINTURINE LEFÈVRE

M. LEFÈVRE-VAULON, Chimiste à Reims (Marne), a l'honneur d'informer MM. les Coiffeurs de France et de l'Etranger qu'il vient de prendre un brevet d'invention pour une nouvelle **Teinture de Cheveux postiches** dite **Teinturine Lefèvre**, à l'aide de laquelle tout Coiffeur peut teindre toutes pièces de Postiches, sans les démonter, tels que Nattes, Chignons de toutes espèces Frisures et Sous-Bandeaux, etc., depuis le Châtin clair jusqu'au Noir foncé.

Cette teinture est aussi solide sur les Cheveux que sa Couleur naturelle.

On peut teindre 1 à 2 kilos de Cheveux avec 1 litre de Teinturine Lefèvre. Une opération de Teinture ne dure pas plus d'une heure, chaque bidon indiquant la manière de s'en servir.

PRIX DU LITRE (en bidon de ferblanc) : **5** fr.

ENTREPOT GÉNÉRAL A PARIS
chez **M. Graindorge**, fabricant de Peignes
Rue Saint-Denis, 119, seul dépositaire.

NOTA. — On peut, si on le désire, avoir une petite Carte d'Échantillons teints par la Teinturine Lefèvre assortie de toutes nuances.

S'adresser à M. GRAINDORGE qui l'expédiera *franco*.

EAU ET POUDRE DENTIFRICE SUPÉRIEURE DE
PIERRE MILCENT
40, Rue Paradis-Poissonnière, 40
PARIS
SPÉCIALITÉ DE POUDRE DE RIZ

## TEINTURE ORIENTALE ET VÉGÉTALE

# A. JANNIOT

## SEUL INVENTEUR

La *Teinture orientale* et *végétale*, pour se teindre instantanément et en toutes nuances, n'est composée que de substances végétales et ne contient aucun produit minéral, souvent nuisible à la chevelure. Je suis seul inventeur et propriétaire de ma Teinture *orientale* et *végétale*, qui n'est due qu'à mes recherches assidues, et me mérite chaque jour l'approbation générale de ma nombreuse clientèle, surtout par son emploi prompt et fafacile. Ma Teinture, toute différente des autres, n'a point le désagrément de dégager une odeur infecte, n'oblige pas de passer des heures entières pour faire sécher chaque numéro. Pour *teindre* une chevelure de *dame*, une heure et demie ; une chevelure *d'homme, une heure*, pour la *barbe, vingt minutes*.

### TARIF

### POUR MM. LES COIFFEURS ET PARFUMEURS

| | | |
|---|---|---|
| La douzaine de Boîtes avec instructions. . . | 30 fr. | » |
| En détail, la Boîte. . . . . . . . . . . . | 2 | 50 |
| La douzaine de Boîtes garnies de brosses et peignes. . . . . . . . . . . . . . . . | 42 | » |
| En détail, la Boîte. . . . . . . . . . . . | 3 | 50 |

### Dépôts pour Paris et les Départements

Désireux de propager les bons effets de ma Teinture, MM. les Coiffeurs et Parfumeurs qui s'occupent spécialement de l'application des Teintures sont priés de m'adresser une demande de dépôt à l'adresse ci-dessous :

**JANNIOT**, Parfumeur-Chimiste, **178**, rue Saint-Honoré, près du Palais-Royal, en face l'hôtel du Louvre, à Paris.

# A la Belle Jardinière

## FABRIQUE DE PARFUMERIE EXTRA FINE

BREVETÉ S. G. D. G.

### PARFUMEUR-CHIMISTE

**Fournisseur de plusieurs Cours étrangères**

PARIS, 19, RUE VIVIENNE, PARIS

## SPÉCIALITÉS RECOMMANDÉES

## SAVON MÉDICINAL

Aromatique désalcalisé contre les engelures et les gerçures.

## ESSENCE DE VIOLETTE

Extrait de la fleur naturelle par precédé perfectionné.

## VINAIGRE DE LA SIERRA-MORENA

Entièrement composé du suc des fleurs et plantes médicinales de la Sierra-Morena, auxquelles il doit ses propriétés toniques, balsamiques et rafraîchissantes.

# Eau et Pommade Marine

A base de tannin et quinquine royal
Contre la chute des cheveux, le pityriasis et leur décoloration.

## POUDRE DE RIZ POMPADOUR

Préparation extra de fleur de riz et parfumée aux odeurs
les plus suaves.

## BLANC MIGNOT VÉGÉTAL

Pour la ville et le théâtre

**En crême émulsive liquide.**
**En poudre impalpable.**
**En crême onctueuse dit blanc gras.**
**Et en baume benzoïque à base de glycérine.**

Nuances : Blanc diaphane.
Rachel.
Nymphe.
Rose.

Le seul blanc et fard d'une parfaite innocuité, approuvé
par les célébrités médicinales.

*Admis à l'Exposition universelle de 1867.*

### ENTREPOT GÉNÉRAL DE

# L'HOLLDE-WATER

Teinture instantanée et perfectionnée, rendant aux cheveux
leur couleur primitive

**Noir Brun Châtain Blond**

### ENTREPOT GÉNÉRAL DE

# L'EAU & POUDRE DENTIFRICE

du docteur HOILDE.

*Se trouvent chez les principaux*
*Coiffeurs-Parfumeurs de France et de l'étranger.*

# 77, RUE RICQUET, 77

Ancienne rue de la Tournelle, à la Chapelle-Paris

## GROS ET DÉTAIL

ANCIENNE MAISON LABBÉ

# E. JACQUY

## Marchand de Cheveux

Commission — Exportation

En rapport du Bon Marché que j'offre à ma clientèle je ne traite qu'au comptant.

---

Commission     **ÉTALAGES**     Exportation

157, Rue Saint-Denis, ancien 249, Paris

# SATILLAT

*Fabricant d'Étalages en cuivre*

### POUR TOUT COMMERCE

Étagères, articles pour Coiffeurs, spécialité de porte-peignes, porte-bandeaux, porte-crânes et porte-perruques en tous genres.

|  | fr. | c. |
|---|---|---|
| Crème Pompadour, blanc très fin............ 24 et | 12 | » |
| Eau sans pareille de la Fontaine de Jouvence. (Ce blanc produit un très bel effet.)..................... | 12 | » |
| Cold-Cream du Sérail...................... | 12 | » |
| Poudre des Sultanes, pour blanchir le teint... 12 et | 6 | » |
| Blanc Rachel, jaune pour brunes, en pâte........... | 18 | » |
| Blanc Rachel en poudre, jaune pour brunes... 12 et | 6 | » |
| Blanc de perle en pâte......................... | 18 | » |
| Blanc de perle en poudre................... 12 et | 6 | » |
| Poudre des Marquises, à poudrer en toutes nuances.. | 12 | » |
| Rouge impértal très mat, pots dorés.. ........... | 24 | » |
| Rouge impérial gras...................... | 12 | » |
| Rouge impérial en poudre............... 12 et | 6 | » |
| Rouge impérial, pots porcelaine unis............. | 12 | » |
| Rouge pour le théâtre, en paquet.................. | 2 | » |
| Blanc pour le théâtre, en paquet.................. | 2 | » |
| Eau dentifrice............................ | 36 | » |
| Poudre dentifrice..................... 9 et | 6 | » |
| Iris de Florence parfumée.................... | 6 | 75 |
| Eau arabe, pour empêcher la chute des cheveux...... | 18 | » |
| Pommade pour empêcher la chute des cheveux....... | 18 | » |
| Blanc de cygne en pâte........................ | 18 | » |
| Blanc de cygne en poudre.......... 12 et | 6 | » |
| Blanc Lavallière rose en pâte.................... | 18 | » |
| Blanc Lavallière rose en poudre............. 12 et | 6 | » |
| Crème anglaise pour le teint............... 15 et | 12 | » |
| Fard de Ninon en pâte........................ | 18 | » |
| Fard de Ninon en poudre............. 12 et | 6 | » |
| Blanc de Paris en pâte........................ | 18 | » |
| Blanc de Paris en poudre.............. 12 et | 6 | » |
| Rose de Jouvence, pots dorés.................. | 24 | » |
| Rose de Jouvence, porcelaine unie............... | 12 | » |
| Rose de Jouvence en poudre........... 12 et | 6 | » |
| Pâte de corail pour les lèvres.................... | 6 | » |
| Agaline pour les ongles....................... | 6 | » |
| Eau Pompadour, dentifrice............. 36 et | 18 | » |
| Nacre de perle pour les dents............ 9 et | 6 | » |

**Eau antiride de la Fée Rose**, pour rajeunir de vingt ans.

**Fleur de Cygne** préparée **à la Glycérine**, pour les peaux délicates.

**Eau de Toilette**, sans acide et sans esprits.

**Rouge végétal.** — **Poudre des Marquises**, pour blanchir les bras et les mains.

**Grand perfectionnement du Fard indien**, remplaçant avec avantage les teintures qui rougissent et brûlent les cheveux.

---

Tous ces produits, qui sont la propriété exclusive de la Maison de M^me veuve Ladvocat-Darquet, ne sortiront jamais de la fabrique sans être revêtus de la croix de la Légion d'honneur, et continueront à être munis du cachet de garantie suivant : **Veuve Ladvocat et Darquet**, chimiste, chevalier de la Légion d'honneur.

---

### Entrepôt général :

Pelleray, rue Croix-des-Petits-Champs, 17.

### Vente en gros :

Mauras, fabrique de peignes, boulevard Sébastopol, 98.
Oger, parfumeur, rue d'Enghien, 21.
Muzet, marchand de cheveux, place des Petits-Pères, 3.
Botteaux, march. de cheveux, rue Croix-des-Petits-Champs, 10.
Bonnamy, successeur de Laboulaye, rue Richelieu, 83.
Terreur, marchand de cheveux, rue Montmartre, 119.
Muzet, successeur de Wallart-Danguy, place des Petits-Pères.

---

### VÉRITABLE MAISON DE M^me Veuve LADVOCAT
seule fondateur de la Maison Ladvocat, fondée en 1848.

# CHEVALIER
## COIFFEUR-PARFUMEUR
### 274, RUE SAINT-HONORÉ, PARIS

# BROSSE MÉCANIQUE
### BREVETÉE S. G. D. G.
### 274, RUE SAINT-HONORÉ, PARIS

Élégance, promptitude dans les résultats, facilité d'emploi, telles sont les conditions que doit réunir tout bon appareil ; tels sont aussi les avantages que présente la **Brosse mécanique** sur laquelle j'appelle votre bienveillante attention, et dont la supériorité sur les brosses ordinaires est aujourd'hui incontestable, en ce qui concerne du moins notre profession.

Garnie de longs poils, en même temps rigides et flexibles, la Brosse mécanique porte simultanément son action sur les cheveux et le cuir chevelu, enlève toutes les impuretés qui s'y trouvent, et, combinée avec les moyens dont tous les Coiffeurs disposent, nettoie la tête EN UN CLIN D'ŒIL. Cette opération peut, en effet, s'exécuter EN UN TOUR DE MAIN et selon l'énergie du mouvement de rotation imprimé à l'appareil. Pas n'est besoin de dire quelle est l'importance de cette rapidité d'exécution, quand les salons sont pleins de clients, toujours fort ennuyés d'attendre.

Loin de déterminer une sensation pénible, parfois douloureuse, comme le font très-souvent les brosses à poils rudes ou le peigne fin chez les personnes qui ont l'épiderme sensible, les poils de la Brosse mécanique n'occasionnent qu'une sensation agréable, ainsi que tous nos clients se plaisent à le constater.

Grâce à une heureuse innovation apportée récemment à cet appareil, le nettoyage de la Brosse elle-même est rendu très-facile au moyen d'un peigne en fer qui s'élève ou s'abaisse à volonté.

### Manière de se servir de la Brosse mécanique.

Tenir l'appareil FERMÉ de la main gauche, de la main droite la poignée, en imprimant un mouvement de rotation avant de toucher la tête du client, afin d'éviter que les poils placés perpendiculairement ne piquent le cuir chevelu. Faire le tour de la tête en remontant les cheveux, et les remettre en place en retournant dans l'autre sens.

Le maniement de l'appareil est des plus faciles et n'exige point l'emploi d'une certaine force.

---

### PRIX DE LA BROSSE :

**80 fr., emballage non compris.**

12

# FABRIQUE DE TABLETTERIE

# VEUVE BOUJU

## 13, Rue Grenier-Saint-Lazare, 13

### PARIS

Etuis buis de toutes grandeurs, garnis de flacons, pour voyage. — Pots à pommade, intérieur en cristal, forme plate et duchesse. — Boîtes buis et érable pour Poudre de riz, Cerises, Pommes, etc. — Cure-Oreilles et Cure-Dents ivoire et écaille, Cure-Ongles ivoire à lime acier. — Grand assortiment de Boutons os, ivoire et nacre, pour Manchettes, Chemises et Faux-Cols. — Articles de fantaisie, et en général tout ce qui concerne la Tabletterie.

**Commission. — Exportation.**

## SPÉCIALITÉ

DE

# PERRUQUES ET TOUPETS

### Pour MM. les Coiffeurs,
### Marchands de Cheveux et Commissionnaires

*25 ans de pratique eu France, en Allemagne et en Angleterre*

| | |
|---|---|
| Perruques en tresse perfectionnées........ ............ | 15 fr. |
| —   —   — avec finitions implantées. | 17 |
| —   —   — avec raies.............. | 20 |
| —   —   — toutes implantées........ | 25 |
| Toupets en tresse ou implantés (*suivant la couleur et la dimension*), depuis................................ | 6 |
| Perruques pour Dames (cachefolis), depuis........... | 40 |
| —   — (demi-cachefolis), depuis..... | 25 |
| Tours à Bandeaux ...................... do 5 à | 15 |

Je me charge de toute espèce d'implantées avec ou sans monture — Mes Perruques sont garanties sur facture.

25 pour o/o d'escompte sur une commande de 30 francs.

# SAULAIS, Fabricant

## Rue d'Orléans-Saint-Honoré, 15 (près le Louvre).

### Expédition contre remboursement (affranchir).

## Ancienne Maison THUNNE
#### Fondée en 1834.

# Mme JEANNOT, Succr
# LOCATION DE LINGE
### POUR MM. LES COIFFEURS

## TELS QUE : SERVIETTES ET PEIGNOIRS

Le tout au plus juste prix.

Mme JEANNOT a l'honneur de prévenir MM. les Coiffeurs de son changement de domicile, *anciennement Rue Traverse, 6, actuellement RUE SAINT-ROMAIN, 11*, en face la Rue Traverse (faubourg Saint-Germain).

**S'adresser de midi à 4 heures.**

# BLANC

## 10, Boulevard Saint-Michel, 10

# LA MAGICIENNE

Est la TEINTURE, pour les Cheveux et les Favoris, la plus simple dans sa composition, la plus expéditive dans son application, et la plus infaillible dans ses résultats.

**2 fr. la boite pour les Coiffeurs.**

**DÉPOSÉ AU TRIBUNAL DE COMMERCE**

# EAU ARCHELAIS

## Admise à l'Exposition de Rennes, 1859

### PROCÉDÉ INFAILLIBLE

Pour faire repousser les Cheveux et en arrêter la chute
en peu de temps.

## GRAND DÉPOT CENTRAL

# Chez M. DUPLESSIS

### Parfumeur, rue Malher, 2 et 4.

Cette Eau, dont l'efficacité est incontestable et si justement appréciée par les personnes qui en ont fait usage jusqu'à ce jour, ayant été éprouvée par la MÉDECINE et soumise à l'examen de CHIMISTES DISTINGUÉS, a été reconnue inoffensive pour l'usage externe, et bienfaisante pour le cuir chevelu.

Ne renfermant que des principes régénérateurs et n'étant composée uniquement que de sucs de plantes toniques, elle lutte contre les CALVITIES les plus prononcées tant que le cuir chevelu n'a pas été, par un âge avancé, dépourvu du duvet qui doit donner naissance à une nouvelle chevelure, et elle prévient celles qui tendraient à se déclarer.

### Prix des flacons : 3 et 5 francs

50 p. 0/0 de remise à MM. les Coiffeurs, et 10 p. 0/0 en plus
au comptant

### POMMADE ARCHELAIS

Contenant les mêmes produits que l'Eau
PRIX : 2 FRANCS, AVEC REMISE

**S'adresser au Dépôt central, chez M. Duplessis,**

### 2 et 4, RUE MALHER, PARIS

**Commission. — Paris. — Exportation.**

# TABLE



## ANNONCES DIVERSES

### Artistes en cheveux.



### Blanc et rouge.

# Blanchisserie. — Location de linge.



## Brosserie.



## Brosse à cheveux mécanique.



## Bustes en cire.



## Calorifères.



## Cheveux et Articles pour Coiffeurs.

## Eponges.



## Fards Indiens.



## Filets en cheveux et en soie.



## Faux-Cols en papier.



## Fleurs et Parures.



## Implantations et Postiches à façon.

## Lavabos, Fauteuils et Chaises mécaniques, Meubles pour Coiffeurs.



## Marbrerie, Cuvette et Robinetterie



## Masques.



## Métal blanc, imitation d'orfévrerie.



## Parfumeurs.

# Poudre de riz.



# Eau et Teinture pour les cheveux.

## Poudre de savon.



## Tabletterie, Étuis en buis.



## Tulle de cheveux.

13^me Année

Paris.—Imp. J. Rigal & Cⁱᵉ, pass. du Caire, 19